또또

또 또

조은

로도스

생명을 향한 눈길들에게

차례

오래 머문 곳에서 …… 9

제1부_만남 …… 13

젊은 세입자
사랑스러운 것도 불편할 때가 많다
파도치는 시간들
조심조심 첫 외출
그 회오리 속에서
마음이 기우는 순간들
나보다 나를 더 잘 아는 사람들
돌아가는 길

제2부_자리 찾기 ······ 67

유혹은 아름답고 발정은 추한가?

거리감이 사라질 때

달라진 환경

절대적 시간

뒤늦은 성장

또또의 가출

딱 한 번을 위해

놀라운 연기력

제3부_꽃을 놓는 자리 ······ 129

그 숨결

속도가 말해 준다

작은 고독

우리는 닮았다

아름다운 이웃

모든 것에는 끝이 있다

예쁘고 포근하고 상냥하고 사랑스럽던

오래 머문 곳에서

광화문 근처에 있는 주택가 사직동에서 22년을 살았다. 한곳에 눌러앉아 살기엔 만만찮은 세월이다.

도심 속 한옥이 많은 골목에 사는 동안 나는 참 많은 사람을 만났다. 나로선 처음 보는 사람들이 일찍이 우리 집에 와 본 적 있다는 말을 듣기도 한다. 가끔 있는 일이다. 그때마다 그럴 리 없다는 생각으로 나는 "그게 언제였어요?"라고 물어본다. 그러면 그들은 '그걸 어떻게 기억 못해요?' 하는 표정으로 대답해 준다. 그래도 기억이 없어 "그때 누구랑 같이 왔어요?"라고 물으면 더욱 구체적인 이야기를 듣게 되는데, 그쯤 되면 거짓일 리가 없다. 그런 일이 있을 때마다 놀라지 않을 수가 없다. 어떻게 그 많은 사람들이 우리 집에 온 적 있고, 뭐가 되었든 배불리 먹고 편히 있다 갈 수 있었던 것인지…. 게다가 그들이 보잘 것없는 내 공간에 와서 하나같이 좋은 인상을 받고 갔다니 신기하다 못해 기적 같다.

사직동에 사는 동안 나는 몸도 건강해졌고, 의식도 성장했다고 느낀다. 느리고 굼뜬 나 자신도 믿어지지 않을 정도로 여러 권의 책을 발간하기도 했다. 그 세월 동안 한결같이 내 곁에 있었던 존재는 상처 받은 채 내게로 왔던 작은 개 또또였다. 사람들과 나누는 마음은 여러 이유로 변덕이 잦았지만, 또또만이 고른 마음으로 내 옆에 있었다. 잡종개였던 또또만이 내가 누구와도 나눌 수 없었던 슬픔도 묵묵히 덜어 내 줬다. 또또는 한 번도 내게 싫증을 내지 않았고, 죽을 때까지 나의 시시한 면면을 누설하지 않았고, 인간을 통해서는 줄일 수 없었던 내 아픔을 조용히 나눠 가지면서도 불평 한 번 하지 않았다. 같이 사는 동안 내게 기쁜 일도 있었지만, 그런 일이 생기면 나는 밖으로 나도느라 우리가 같이 있는 시간은 줄어들었으니 나만 바라보고 살았던 또또는 외로웠을 것이다. 그처럼 나는 삶이 내게 주는 무게를 또또를 통해 덜어 내곤 했지만, 같이 사는 동안엔 그 사실을 제대로 의식하지도 못했다. 뒤늦게 그걸 알고 뭉클뭉클 솟구치는 고마움을 느꼈을 때 또또는 이미 폭삭 늙어 버린 뒤라 우리 앞에는 안타까운 시간만 남아 있었다.

또또를 기억하는 나의 친구들은 하나같이 또또가 "우리에게 너무도 큰 선물"이었고 나와 사는 동안 "정말로 행복했을 것"이라고 말한다. 나도 그렇게 믿고 싶다.

또또는 죽기 전까지 사람들에게 받은 나쁜 기억으로부터 완전히 벗어나지 못했다. 하루도 편히 자지 못하던 또또를 하룻밤에도 몇 번씩 깨워 악몽으로부터 건져 내야 했던 밤의 기억이 너무도 강해 나는 아직도 그들의 말에 얼른 동조하지 못한다. 그때를 제외하면, 말년의 또또는 평화로웠다. 그 모습을 떠올려 보면, 고맙게도 내 친구들의 표현이 크게 과장된 것 같지는 않다.

또또를 데리고 하루 두 번 하루도 빠짐없이 산책한 덕분에 광화문 일대와 인왕산에는 내가 모르는 길이라곤 없다. 인왕산이 일반인들에게 개방된 지 얼마 안 되었을 때 우리가 자주 걸었던 산속 숲엔 우리들만의 길이 생길 정도였다. 지금은 우리의 흐릿한 흔적을 따라 산 아래 주택가에서 올라오는 제대로 된 길도 생겼다.

상처투성이로 내게로 왔지만, 또또는 내게 어떤 마음의 상처도 주지 않았다. 사람으로부터 받은 공포감을 다스리지 못해 저도 모르게 나를 물기는 했지만. 물고 나선 곧바로 신음하고 괴로워하는 모습을 보면 그 녀석을 미워할 수 없었다. 그런데도 나는 녀석을 받아들이지 않기 위해 꽤 오랫동안 안간힘을 썼고, 그동안 녀석의 증세는 더욱 악화되었다. 그냥 번쩍 들어 품에 안아 줬으면 녀석은 명랑하고 상냥한 태생적 본능을 잃지 않고 예쁘게 살다 죽었을 것이다. 그 점을 생각하면 지금도 마음이 아프다. 그렇지만, 그랬다면, 우리의 이야기는 평범했을 것이다. 또또와 사는 동안에도, 또또가 죽고 나서도, 수없이 그 녀석에 관한 이야기를 써 달라는 청탁을 여러 출판사로부터 받는 일도 없었을 것이다. 또한 인간인 내가 가지고 있던 오만방자한 관념의 틀을 깰 수도 없었을 것이다. 또또는 내게 군더더기 없고 가식 없는 삶과 생명의 소중함을 가르쳐 준 고귀한 존재였다.

또또가 떠난 지 1년이 넘었다. 재개발로 인해 나도 사직동을 떠나야 할 때가 가까워지고 있다. 또또를 만난 사직동, 또또와 살았던 사직동, 우리의 사직동…. 생명에 대해 깊이 생각했던 사직동, 내 젊음의 사직동….

또또가 마지막까지 살았던 이 한옥에서 세 번째 시집《따뜻한 흙》에 들어가는 글을 2003년에 썼다. 목차 앞에 실릴 자서를 쓰고 난 뒤 책 뒤표지에 실릴 글을 쓸 때 "오랫동안 한곳에서 살았다. 아무것도 변하지 않았다"라는 문장을 썼던 기억이 난다. 이미 그때 한곳에 눌러앉아 옴짝달싹 못하는 나의 경제적 무능함을 충분히 깨달았는데, 그 뒤로도 나는 10년을 이 집에서 살고 있다. 그 무변화의 세월을 끊으며 또또가 떠났다. 곧 나도 사직동을 떠나야 한다. 팔고 가야 할 한 평 땅도, 캡슐만 한 집도 없는 곳에서 나처럼 깊이 뿌리를 내리고 살았던 사람이 또 있을까?

내 뿌리의 본질이 무엇이든 이젠 어디로 옮겨 가도 삶을 향유할 수 있다. 그걸 인식하자 미래가 너무도 명쾌하다. 살다 보니 이런 날이 있다!

제 1 부 만남

젊은 세입자

나는 서른한 살에 부모로부터 독립해 인왕산 아래 있는 사직동의 세 집에 세 들어 살았다. 맨 처음 살았던 다세대주택에서 두 번째 살았던 개량한옥의 거리는 직선으로 100미터 정도 된다. 14년을 살고 있는 이 한옥에서 처음 살았던 다세대주택은 20미터도 되지 않는 거리에 있다. 나는 22년 동안 100여 미터 거리에 있는 세 집에서 살아온 것이다.

내가 또또를 만난 곳은 두 번째로 살았던 개량한옥이지만, 가장 낯설고 기이했던 집은 단연코 처음 살았던 다세대주택이다. 막 가족을 떠나 혼자 살기 시작한 젊은 내게 그 집은 그야말로 충격이었다. 그 건물 안엔 모두 열 가구가 세 들어 살고 있었는데, 거의 날마다 싸움이 벌어졌다. 정말이지 어느 하루도 조용히 넘어가는 날이 없었다. 전화로 번지만 알려 주면 경찰도 "또 그 집…"이라고 말했을 정도였다.

그 집에서 이사해야 할 때의 내 상황은 여러 가지로 좋지 않았다. 가장 큰 문제는 내가 그 집에서 계속 살기 위해서는 날마다 다시는 안 볼 것처럼 싸우는 거친 이웃들을 계속 인내해야만 한다는 점이었다. 끔찍했다. 게다가 나는 어느새 서른다섯, 젊지도 늙지도 않은 나이가 되어 있었다. 그럼에도 결론이 뻔한 이사를 앞두고 나는 잠시 망설였는데, 그 이유는 그 무렵 나의 건강이 좋지 않았기 때문이다.

내가 이사한 개량한옥은 옛날 어떤 대감집(사실을 확인할 수는 없었지만 동네 사람들이 내게 해준 말이다)의 행랑채 건물이었다. 대감이 죽자마자 아들이 가장 먼저 쪼개 판 것이 그 집이었고, 집을 샀던 사람들이 여러 차례 개보수해 내가 살던 무렵엔 주인집과 세입자의 공간으로 나누어진 개량한옥이 되어 있었다. 옛날 대감집 본채와 마당이 있었다는 넓은 땅에는 지금 다섯 동의 빌라와 주차 공간이 있다.

그 집은 이화여대 후문에서 광화문으로 가기 위해 통과해야 하는 사직터널을 막 벗어난 지점의 축대 위에 있었다. 큰길 쪽으로 있는 방의 창문을 열면 빽빽이 들어선 은사시나무들(얼마 전 서울시에서는 그 아름다운 나무를 다 베어 버렸다)이 파란 잎을 눈 아래로 펼쳐 놓고 있어 마치 해수면을 보는 듯한 착각이 들었다. 다세대주택에 살며 거친 이웃들에게 질렸던 나는 그 풍경을 무척 좋아했다.

나는 비로소 정상적인 인간의 생활공간에 정착했다. 그 집에서는 무엇보다 싸움이 없어 좋았다. 그야말로 모든 것이 정상이었다. 사직터널을 지나다니는 차들의 소음은 파도소리처럼 열려 있는 내 방으로 흘러들었다. 나는 낯선 곳을 여행하다 바다가 가까운 숙소에 누워 있는 꿈을 꾸기도 했다. 발신자 번호가 뜨지 않던 때라 창문을 연 채 전화를 걸면 사람들은 사직대로에서 나는 소음을 듣고 내가 집 밖에서 전화한 줄 알았다. 그게 재미있어 "집에 들어가기 전에 우리 잠깐 얼굴 볼까?"라고 하면, 그들은 하나같이 속았다.

진통제를 먹고 잠에 취해 있는 혼미한 의식 속에서도 나는 돌아가야 할 곳을 의식하고 있었고, 꿈속에서도 현실 속에서도 나는 삼십 대였다. 아는 사람을 통해 급하게 잡힌 수술 날짜를 기다리며 나는 사직대로와 은사시나무가 내려다보이는 창 앞에 놓인 침대에 누워 내 병이 스트레스로 인해 시작되었음을 자각하고 있었다. 지금에서야 객관적으로 돌이켜 보면 그때의 나는 과장되게 자신이 불운하다고 인식하고 있었다. 그런데다 암담하게 느껴지는 미래와 바닥난 체력도 나의 불행감을 비탈의 눈덩이처럼 굴리고 있었다. 그 불행감으로부터 쉽게 도망칠 수 있는 방법은 잠밖에 없었다. 늘 내 머리맡엔 진통제가 놓여 있었고, 그걸 먹고 나면 통증이 가벼워지며 얼마든지 잠으로 빠져들 수 있었다. 가끔은 친구가 효능이 좋다는 수면제를 병째 주기도 했다.

잠에 취해 있던 나를 이따금 깨우는 것은 주인집에서 들리는 이상한 소리였다. 십 대 후반의 두 아들과 살고 있는 부부는 너무도 조용한 사람들이라 그 소리는 귀를 기울여 들을수록 이상하게 여겨졌다. 그것은 인간이 소통을 위해 입 밖으로 내뱉는 말이라고는 할 수 없는, 그야말로 소음에 가까운 소리였다. 들판에서 농부가 새를 쫓는 소리 같기도 하고, 가축을 우리 안으로 몰아넣는 소리 같기도 했다. 나는 자주 그 소리 때문에 잠에서 깼지만, 그 소리를 들으며 잠들 때도 있었다.

  입원하는 날 새벽에도 그 소리가 들렸다. 하지만 나는 부엌에서 눈에 띈 달팽이 한 마리를 어떻게 해야 할지 생각하느라 더 이상 그 소리엔 신경 쓰지 않았다. 한 번도 "개복해 봐야 안다"는 수술을 받아 본 적 없던 내게 그날 아침 내 집에 들어와 살아서 기고 있는 달팽이는 다른 날과 존재감이 달랐다.

  퇴원해 한동안 요양하던 곳에서 돌아왔을 때는 연말이었다. 한 인간으로서는 작지 않은 일을 겪었지만, 다시 돌아온 내 삶의 공간은 조금도 변한 곳이 없었다. 고집 센 나의 자의식처럼 뻣뻣한 대문 앞에서 나는 문을 열기 위해 애썼고, 대문을 들어선 뒤엔 다시 나만의 공간으로 통하는 문을 열기 위해 진땀을 흘렸다. 내가 없는 동안 우리 집에선 새 아파트 입주 날짜보다 일찍 살던 곳을 비워 줘야 했던 시인 부부 가족이 한 달 동안 살았다. 집이 오래 비어 있지 않았는데도 문은 기능을 상실한 것처럼 쉽게 열리지 않았다. 나는 처음엔 대문 앞에서, 그 다음엔 내 공간으로 통하는 문 앞에서 세상이 나를 거부하는 것 같은 기분을 느껴야만 했다.

그때였다. 갈색 실꾸리 같은 것이 흩날리는 나뭇잎 사이에 끼어 내 쪽으로 굴러오는 것이 보였다. 나는 곧 그것이 둥글게 오므라들며 마른 큼직한 플라타너스 잎이라고 생각했다. 잠시 뒤 그 나뭇잎이 회오리치는 바람에 굴러 내 발목에 와 닿았다. 열리지 않는 문의 의미를 병적으로 확대 해석하고 있을 때였다. 곧이어 무엇인가가 내 바지를 당기는 듯한 느낌이 들었지만 나는 개의치 않았고, 그 느낌은 계속되었다. 뭔가가 이상해 허리를 굽혀 발치를 내려다보던 순간, 깜짝 놀랐다. 갈색 나뭇잎이거나 실꾸리일 거라고 생각했던 것은 너무도 예쁘게 생긴 작은 강아지였다. 나는 그때껏 그렇게 예쁘게 생긴 강아지를 본 적 없었다. 강아지는 상냥하고, 명랑하고, 예쁘고, 포근하고, 사교적이었다. 그때서야 내가 그 집을 떠나던 날까지 들었던 이상한 소리는 주인집 가족들이 그 녀석과 교감한 소리였음을 알았다.

강아지는 내가 일찍이 본 적 없이 예뻤지만, 나는 녀석에게 마음을 주지 않기 위해 어떤 반응도 하지 않았다.

사랑스러운 것도 불편할 때가 많다

나는 동물들을 좋아하지만, 그들이 우리와 함께 사는 것은 불편하다. 자신의 운명을 개척할 수 있을뿐더러 운명의 물굽이를 작게라도 틀어 가며 살 수 있는 인간의 고통을 볼 때보다 선택의 여지라곤 없는 동물의 고통을 보는 것이 더 괴롭다. 자유로운 인간들에겐 자신의 삶을 망칠 자유까지도 있지만, 오직 생존만을 원하는 인간 곁의 동물들은 하나같이 생존이 위태로워 보인다. 인간에게 길들어져 인간의 도움이 없이는 살아갈 수 없는 동물들이 버려지거나 상처 받은 채 죽어 가는 모습은 더욱 괴로워 점점 외면하게 된다.

초등학교에 다니던 어느 여름방학 때 시골 친척 집에 간 적이 있었다. 그 집엔 소가 있었는데, 뒷집 소와 음메 하는 소리로 감정을 나누는 것이 내겐 너무도 신기해 보였다. 아침이면 먼저 외양간에서 나온 소가 마당에서 으음메 하고 울었다. 그러면 아직 모습을 드러내지 않은 소 울음소리가 허공으로 울려 퍼졌다. 소 울음소리는 너무도 깊어 내겐 늘 슬프게 들렸다. 저녁에도 먼저 들판에서 돌아온 소가 아직 돌아오지 못한 소를 부르는 소리가 멀리까지 퍼져 나갔다. 곧 어두워지는 마을 어귀에서 집으로 돌아오는 다른 소의 깊고 애잔한 화답의 울음소리가 들렸다.

그러던 어느 날이었다. 오토바이를 탄 한 남자가 마당으로 들어오더니 마당에 묶여 있는 소에게 다가갔다. 그는 검은 장화를 신고 있었고, 비가 오지 않았는데 비옷까지 입고 있었다. 그가 뭐라 중얼거리며 소꼬리를 잡더니 생식기 속으로 주먹을 쑥 집어넣었다. 곧이어 그의 굵고 긴 팔이 소의 몸속으로 거의 다 들어갔지만 신기하게도 소는 가만히 있었다. 나중에서야 나는 그것이 인공수정이었음을 알았다. 가까이 살며 서로 간절히 마음을 주고받는 대상이 있었음에도 소는 인간에 의해 자연의 질서에 맞지 않는 교배를 해야만 했던 것이다. 그때 일은 내가 어른이 되고 중년이 된 지금까지도 동물의 삶에 대해 생각할 때마다 음습한 빛깔을 띤 풍경으로 떠오르곤 한다.

내가 동물들, 특히 또또에게 마음을 주지 않으려 했던 것은 그들의 운명을 잘 알았기 때문이다. 이사한 집 대문 안에서 마주친 또또 역시 내겐 앞날이 뻔한 잡견이었을 뿐이다. 또또 역시 내가 그동안 무수히 보았던 동물들이 피할 수 없었던 운명의 길을 가야 할 것 같았다. 그래서 나는 지레 겁을 먹고 또또에게 마음을 닫아 버렸다. 그런 한편으론 더 좋은 곳으로 이사하지 못한 무능한 나 자신에게도 화가 치밀었다.

참 이상한 것은, 그 무렵엔 나도 사는 것이 힘들었는데 사람들은 내게 자신들의 삶이 얼마나 힘든지 쏟아 내며 날마다 울어 댔다는 점이다. 새벽에 걸려 오는 전화도 많았다. 훤한 대낮엔 뭘 하고 있었는지 새벽만 되면 온갖 울분과 고뇌를 쏟아 내는 전화가 정말로 끝도 없이 걸려 왔다. 무작정 찾아오는 사람도 있었다. 자신의 불행이 마치 내 책임이라도 되는 양 부담스럽게 하는 사람도 있었다. 그들의 이야기를 듣는 것이 너무 힘들어 전화선을 빼고 지내는 날이 점점 늘어났다. 전화를 받지 않는 기간이 길게는 몇 달씩 이어지기도 했다.

스스로를 사회로부터 차단시키며 그 시기에 나는 거의 반사회인으로 살고 있었다. 나는 타인의 삶에 적당히 훈수를 두며 살아갈 수 있는 변죽 좋은 인간이 못 되었다. 열심히 들어준 뒤 돌아서는 순간 머리를 한 차례 흔들어 버리는 것으로 싹 잊어버릴 수 있는 재주도 없었다. 내 머릿속은 그들이 쏟아 내는 이야기로 뒤엉켰고, 빨리 머릿속에서 비워 내지 못한 칙칙한 사연들은 막힌 수챗구멍을 빠져나가지 못하는 물처럼 나를 잠갔다. 그러다 보니 아예 전화 코드를 뽑아 버리고 외부와 차단되어 살아가는 날이 너무도 많아 나는 아예 연락이 되지 않는 사람이 되다시피 했다. 내게 오려던 행운이 만일 있었다면, 나의 그런 태도에 화가 나 다른 대상을 찾아가 버렸을 것이다.

오십쯤 되어서야 나는 고통을 극명하게 느끼는 것도 젊음의 특징 중 하나임을 알았다. 어린이의 성향이 강해지는 노인들은 힘에 부쳐 자신의 고통을 그처럼 세세히 볼 수 없기 때문에 즉각적인 반응에다 신경질만 늘어간다. 정말이지 젊지 않으면 고통을 온몸으로 느끼며 살지 못한다. 지나치게 모든 일을 희망적으로 보고, 희망적인 말만 늘어놓는 사람도 사실은 의식이 늙은 자이다. 지나친 희망은 마약처럼 맨 정신으로는 이겨 낼 수 없는 권태와 고통을 잊게 할 뿐이다. 운명이니 팔자니 하는 말을 자주 끌어다 쓰는 섣부른 관용과 희망에도 노쇠한 정신이 들어앉아 있다. 고통과 정면으로 맞설 수 있는 사람들만이 젊은 정신의 소유자들이다.

개량한옥에 살 때 나는 삼십 대 중후반이었는데, 젊지도 늙지도 않았던 것 같다. 그때 나는 내 몫의 삶을 피하지는 않았지만, 과민했다. 조금 다르게 표현하면, 그때의 나는 지금보다 훨씬 나약했다. 그래서 내가 사는 집 대문 안에 강아지가 있다는 사실이 눈을 찌르는 검불처럼 불편했다. 게다가 내겐 개와 관련된 아픈 기억이 있었다.

시골에서 성장한 나는 동물들의 편안해 보이는 죽음을 한 번도 본 적이 없었다. 그들은 늘 죽임을 당했고, 공포에 떨었다. 반면 내게 인간의 죽음은 동물들의 죽음만큼 힘들어 보이지 않았다. 그들은 대부분 자신의 죽음을 받아들이며 천천히 죽어 갔다. 죽음을 두려워하거나 거부하는 사람들 곁에도 그들의 고통에 온몸으로 공감하는 누군가가 있었다. 그 때문에 사람이 죽는다는 것은 숭고해 보이기까지 했고, 외부로부터 가해지는 폭력성은 어디에도 없었다. 하지만 인간 곁에 사는 동물들은 그렇지 않았다.

얼마 전 자폐증을 딛고 박사가 된 템플 그랜든이라는 동물학자의 삶이 담긴 책을 읽었다. 특히 소를 좋아하는 그녀는 "인간이 동물에게 저지를 수 있는 최악의 일은 두렵게 만드는 것"이라고 했다. 두려움을 덜어 주기 위해 그녀는 소가 스스로 계단을 걸어 올라가 신속하고 고통 없는 죽음을 맞도록 하는 도축 시스템을 개발했다. 도축은 단숨에 끝내야 한다는 그녀의 지론이 동물들이 되도록 고통 없이 죽음을 맞도록 하는 데 큰 도움이 된 것이다.

개량한옥에 살면서 또또라는 작은 강아지를 병적으로 부담스러워 했지만, 사실 나는 개를 무척 좋아하는 사람이다. 성장기에 개 고양이 새 비둘기 다람쥐 같은 동물 들도 집에서 기른 적 있지만, 생래적으로 내가 좋아하는 것은 단연코 개이다. 하지만 어느 날, 어린 내게 큰 위안과 평화로움을 주었던 '나의 개' 마루를 끔찍하게 잃었다. 떠올리는 것조차 힘들 정도로 충격적이었던 그 일 때문에 내겐 동물의 '끝'에 대한 극심한 공포증이 생겼다. 또또를 만날 때까지도 그 병적 증세는 복병처럼 내 안에 잠복해 있었다.

마루는 내가 열 살 무렵 우리 집에 왔다. 막 눈을 뜬 어린 강아지였고, 그다지 예쁘게 생기지 않은 잡종이었다. 어느 날 학교를 마치고 집에 갔을 때 녀석이 우리 집에 와 있었다. 어린 내 눈에 엄마도 없이 혼자 낯선 곳에 와 바들바들 떨고 있는 녀석은 너무도 불쌍해 보였다. 나는 얼른 녀석을 품에 안았고, 녀석은 내 겨드랑이 속으로 파고들며 긴장을 누그러뜨리고 곯아떨어졌다. 나는 그 녀석의 이름을 마루라고 지었고, 우리는 단짝 친구가 되었다.

어린 나는 마루가 아플 때마다 혼자 병원에 데리고 다녔고, 약도 내가 먹였다. 부모도 내게 주지 못하던 정서적 안정감을 주던 마루와 나는 무엇이든 똑같이 나눠 먹었다. 순한 마루는 무럭무럭 자랐다. 그즈음 동물병원에 데리고 가면 수의사는 어느새 몸집이 커진 마루의 목을 내게 잡게 한 뒤 치료를 하거나 주사를 놓았지만, 내게 목을 잡힌 마루는 한 번도 무서운 소리를 내지 않았다. 한번은 찻길과 맞닿는 골목 밖에서 우리 반 반장을 만난 적이 있는데, 그 아이는 내가 커다란 마루의 입에 손을 집어넣는 것을 보더니 비명을 지르며 달아났다. 그 충격으로 나는 반드시 아무도 없는 것을 확인한 다음 마루 입에 손을 넣는 장난을 하곤 했다.

그 무렵 아버지의 한량처럼 살던 친구들이 우리 집에 올 때마다 마루를 보며 "황구" "딱 알맞다"라는 표현을 즐겨 했다. 나는 그 말뜻을 짐작하지도 못했다. 마루와 함께하는 하루하루가 행복했다. 마루와 뛰어놀 수 있는 아침이 오는 것이 좋았고, 무엇 하나 무서운 것이 없었다. 그처럼 행복하게 지내던 어느 날 하교 때였다. 날마다 학교 앞에 와서 나를 기다리던 마루가 보이지 않았다. 가다보면 길에서 마주치게 될 거라고 생각한 나는 걸음을 재촉했다. 곧 마루가 나타날 것 같은 아스팔트 깔린 길 끝을 보며 열심히 걷는데, 단발머리를 흩날리며 달려오는 여동생이 보였다. 동생은 뭐라뭐라 하며 울고 있었다. 알 수 없는 불안함으로 걷고 있는 다리가 후들댔다.

동생은 곧 내 앞에 와서 섰고, 아버지 친구들이 마루를 잡아먹었다며 울었다. 그때서야 그들이 마루를 볼 때마다 하던 말이 무슨 뜻이었는지 제대로 알았다. 마루에게 무슨 일이 일어났는지 정확히 알게 되자 나는 고통으로 숨을 쉴 수 없었다. 내 눈엔 죽는 순간까지 애타게 나를 찾았을 가여운 마루가 보였고, 이미 어떻게 해도 돌이킬 수 없는 일이 되어 버렸다는 절망감이 내 숨통을 조였다. 나는 감당할 수 없는 고통으로 그 한길 가에 뻗어 버렸다. 놀란 동생이 달려가 집에 있던 가족들을 데리고 올 때까지 나는 초죽음 상태로 길가에 뻗어 있었다. 그 사건은 가족들에게도 적지 않은 충격을 주었다. 그리고 무엇보다도 그 일은, 내가 최근까지도 아버지에 대한 무의식적인 적개심을 갖게 된 깊은 상처로 남았다.

그로부터 수십 년이 지난 뒤. 개를 싫어하는 아버지가 또또에게 무한정 관대했던 것도 그 일에 대한 사죄의 마음이었음을 알았다. "애가 숨이 넘어가는데, 어찌나 놀랐던지" 하는 식으로 뒤늦게 사과하던 아버지 자신은 정작 개고기를 평생 입에 대지 않았다. 하지만 중년의 가장이었던 그는 어린 딸이 좋아하는 개를 서슴없이 친구들에게 줘 버릴 정도로 무심했던 것이다.

편안해 보이는 동물의 죽음을 보지 못했던 나로서는 개가 있는 그 집으로 이사해야만 했던 나의 경제적 여건이 점점 서글프게 느껴졌다. 정말로 복병 같은 또또를 만나게 될 줄 미리 알았다면 나는 절대 그 집으로 이사하지 않았다!

그처럼 나는 성장이 멈춘 아이처럼 대문 안에서 마주치는 작은 개를 부담스러워 했다. 또또에게 눈길도 주지 않으려 애썼고, 녀석이 안 보일 때만 문을 열고 밖으로 나갔다. 그러나 내게 놀러 오는 친구들은 또또를 보자마자 "우와! 예쁘다!" 하며 덥석 안아 우리 집으로 데리고 들어왔다. 그때마다 나는 펄쩍 뛰며 화를 냈다. 그래도 어떤 친구는 기어이 녀석을 안고 내 공간에 들어왔다. 그렇게 몇 차례 우리 집에 들어와 본 녀석은 그들이 오면 어떻게든 알짱거려 우리 집으로 들어왔고, 어느 순간 방 안에까지 들어와 버렸다.

또또가 죽은 뒤 친구들이 회상하는 그 시절의 나는, 그들이 또또를 집으로 데리고 들어가면 정말로 버럭버럭 화를 냈다고 한다. 그때의 나로선 그럴 수밖에 없었다. 그렇게 해도 안될 땐 방석 하나를 내주며 또또를 그 위에 앉게 했다. 그러곤 녀석의 네 발 중 한 발이라도 방바닥에 닿으면 곧바로 "야, 발!" 하고 소리를 질렀다. 개는 내가 무엇에 그토록 기겁하는지 알아차려 방석 위를 사수했다.

나는 친구들이 돌아가기 위해 일어나는 것과 동시에 녀석을 밖으로 내쫓았다. 그러면서도 내심 녀석이 참 예쁘게 생겼다는 것을 인정하고 있었다. 맑고 큰 눈동자와 호기심으로 쫑긋대는 귀, 사람의 말을 이해하려고 집중하는 표정…. 게다가 그 예쁜 얼굴은 개 미용실을 한 번 이용한 적도 없는 자연 상태였다.

파도치는 시간들

또또가 맞고 있다는 사실을 알았을 때는 끔찍했다. 가까스로 가라앉혀 놓았던 마루에 관한 기억까지 되살아나 나는 정말로 당장이라도 그 집을 뛰쳐나가고 싶었다. 그런 한편 혼란스럽기도 했다. 왜냐하면 내가 세 들어 살던 집 가족들은 모두 너무도 선량했기 때문이다. 사년 남짓 그 집에 사는 동안 나는 부부가 한 번도 목소리를 높이며 다투는 소리를 듣지 못했고, 두 아들 역시 순하고 의젓한 모습만 보았다. 나는 누가 왜 그 자그마한 개를 때리는지 알 수도 추측할 수도 없었다.

그러던 어느 날이었다. 밖에서 숨이 넘어갈 것처럼 비명을 지르는 개 소리가 들렸다. 얼른 창문을 열고 내다보니 이미 개는 공포로 제정신이 아니었다. 태어난 지 몇 달밖에 되지 않았지만 녀석은 사람의 마음을 정확히 읽을 정도로 영리했는데, 온몸으로 표출하는 공포감이 끔찍했다. 안 되겠다 싶어 일단 우리 집으로 들여놓으려고 달려 나갔다. 하지만 제정신이 아닌 녀석은 우리 집이 아닌 주인집으로 달아나 버렸다. 한참 마당에서 서성거리다 계속되는 비명소리를 따라 가봤더니 녀석은 주방 싱크대 아래 들어가 발악하고 있었다. 녀석을 싱크대 밖으로 끌어내려고 하는 아저씨의 한쪽 손에서는 피가 뚝뚝 떨어졌다. 자신을 강제로 끌어내려고 하는 그의 손을 겁에 질린 녀석이 물어 버렸던 것이다. 아저씨는 그 소란 중에도 수건으로 손을 감았지만, 금세 피가 수건 밖으로 배어 나왔다. 끌어내려는 사람과 끌려 나가면 죽는 줄 알고 저항하는 개의 한바탕 소란이 계속되었다. 얼마 뒤 나를 의식한 아저씨로 인해 소동이 멈추었고, 무안해진 나는 밖으로 나올 수밖에 없었다.

    잠시 뒤 또또가 비틀거리며 마당에 모습을 나타냈다. 녀석의 입에서도 피가 흐르고 있었지만 그것이 사람의 피인지 녀석의 피인지 구분이 안 되었다. 녀석의 공포가 한풀 꺾인 뒤 살펴보니 몸에 치료해 줘야 할 상처가 있었다. 망설이다 나는 또또를 데리고 동물병원으로 갔다. 병원이 처음이었던 녀석은 그곳에서 얌전했다. 하지만 잠깐뿐이었다. 수의사가 주사를 놓으려고 하는 순간부터 겁을 먹고 날뛰기 시작했다. 텔레비전에 출연해 동물에 관한 상담을 해줬을 정도로 실력이 있다는 그 수의사는 차분한 목소리로 녀석을 잘 치료할 수 있다고 장담했다. 그는 자신의 코를 또또의 코에 대고 문지르며 나쁜 사람이 아님을 알렸고, 그게 통하지 않자 시간을 두고 안심시키려고 애썼다. 노력에도 불구하고 그는 또또를 안심시키지도 제압하지도 못했다. 긴긴 치료가 끝났을 때 땀에 흠뻑 젖은 셔츠가 그의 등에 착 들러붙어 있었다.

"정말 너무도 예민한 녀석이군요. 오늘 밤만이라도 조용하고 어두운 곳에서 재우세요."

그 무렵 또또의 집은 사람들이 오가는 마당에 있었다. 그곳은 어둡지도 조용하지도 않았다. 나는 녀석을 우리 집으로 데리고 들어가 식탁 아래 눕힌 뒤 두꺼운 천을 늘어뜨려 내가 내는 소음과 불빛을 차단했다. 예민한 생명체들이 다 그렇듯 녀석은 회복이 더뎠고, 맞았다는 기억을 지워 버리는 것 같지도 않았다. 약기운이 떨어지자마자 녀석은 충혈된 눈을 뜨고 일어나 앉아 있었다. 자지 않고 물끄러미 앉아 있는 작은 개가 이상해 나는 자꾸 천을 들추고 안을 들여다보았다. 녀석은 다음날 식탁 아래서 걸어 나왔고, 나는 녀석을 마당으로 내보냈다.

그 시기에 나는 친구들과 늦도록 놀다 새벽에 집으로 돌아올 때가 많았다. 그전에도 없었고, 그 뒤로도 없었던 일이지만, 그 집에 사는 동안엔 그런 일이 잦았다. 그때 나는 권태로운 내 삶으로부터 도망치고 있었다. 아무리 진지하게 대해도 변하지 않는 삶, 철벽 같은 삶, 신(존재한다면!)이 냉혹하게 세팅해 놓은 삶을 야유하는 듯한 날들이 하루하루 계속되었다. 한번은 또 그들과 뭉쳐 놀기 위해 가다가 지갑을 두고 온 것을 뒤늦게 알고 집으로 되돌아갔다. 마당에서는 수돗물 소리가 났고 대문은 잠겨 있지 않았다. 대문 안으로 들어섰을 때 나는 얼어붙었다. 주인아주머니가 물 묻은 빗자루로 또또를 때리고 있었다. 또또가 비명을 지르지 않은 것으로 봐서 가볍게 때린 것이 틀림없었다. 하지만 그것을 본 나는 너무도 놀랐는데, 그날은 털에 묻은 물이 그대로 얼어붙을 몹시 추운 날이었기 때문이다. 개를 때리던 사람과 그걸 본 나의 눈이 마주치자 우리는 똑같이 소스라쳤고, 께름칙한 마음으로 등을 돌린 내 기분은 좋지 않았다.

한번은 외출했다 돌아와 보니 또또 등가죽이 벗겨진 데가 있었다. 피가 마르지 않은 것으로 봐서 상처가 난 지 얼마 되지 않은 것 같았다. 녀석에게 그런 일이 생기는 것은 사람에게 꼬리를 내리고 바닥에 납작 엎드리지 않고 공격성을 드러내기 때문이었다. 한 주먹밖에 안 되는 녀석이 야성을 드러내며 대드는 것을 마냥 보고 있을 사람은 없었다. 한 번 주인을 물어 버린 날 이후로 녀석은 겁이 날 때마다 죽은 듯이 있는 대신 "그만 때려!" 하는 것처럼 기를 쓰고 대들었다. 한마디로 녀석은 날마다 매를 벌고 있었다. 하지만 2.5킬로그램밖에 되지 않는 작디작은 개였다.

어떤 사람은 자신을 학대하는 사람을 평생 감수하다 그가 죽으면 "그래도 그에겐 좋은 점이 많았다"고 말하기도 한다. 한술 더 떠 그의 극락왕생을 빌어 주며 진심으로 눈물을 흘리기도 한다. 그런가 하면 어떤 사람은 뺨 한 대 얻어맞은 분노를 삭이지 못해 평생 때린 사람과 원수가 되기도 한다. 또또는 후자에 속하는 생명체였다. 자신을 때린 사람을 응징할 수 없는 개였기 때문에 그와 원수지간이 될 수는 없었지만, 구타한 자는 두고두고 피해야 할 무서운 존재로 각인되었다.

또또를 때릴 때 옆에서 성가시게 구는 나 때문이었을까. 어느 날 아저씨는 또또를 뒷마당으로 데리고 가 혼내 주고 있었다. 내가 말리기 위해 뒷마당까지 따라갈 수는 없었다. 그곳으로 가기 위해서는 사직로 쪽으로 난 내 방 창문을 뛰어넘든가 주인집 실내를 통과해야만 했다. 내가 창문을 뛰어넘어야 할지 그대로 있어야 할지 생각하는 사이 또또는 뒤뜰에서 살아나오지 못할 것처럼 처절한 비명소리를 냈고, 나는 가슴이 두근거려 더욱 안절부절 못했다.

그 집에 사는 동안 또또의 어깨뼈가 탈골되었다. 녀석이 너무도 보잘것없는 작디작은 생명체였기 때문에 생긴 일이었다. 또또는 날마다 노란 물을 토하며 시들어 갔다.

녀석을 치료하는 것도 쉽지 않았다. 또또는 이미 가 본 적 있는 병원 가는 길을 정확히 기억해 그 길로 접어들자마자 발버둥을 쳤다. 힘들게 데리고 간 개를 수의사도 잘 다루지 못했다. 비록 몸은 작지만 표출되는 공포감이 너무도 커 미친 듯 날뛰는 녀석의 몸은 총알처럼 빨랐다. 그리고 믿어지지 않을 정도로 힘이 셌다. 병원에 갈 때마다 엄청난 소동이 벌어졌다. 수시로 진료대 아래로 뛰어내려 날뛰는 개 때문에 체신이 깎였다고 생각되는지 수의사의 얼굴에 나타나는 노여움의

빛도 점점 강해졌다.

한번은 또또와 실랑이를 하다 놓친 수의사가 문을 다 걸어 잠근 뒤 뒷문으로 사라졌다. 다시 나타난 그의 손에는 큼직한 수건이 들려 있었다. 그는 그 수건을 또또에게 뒤집어씌워 제압한 뒤 다시 치료하려고 했다. 그러나 또또는 매번 그가 던지는 수건을 이리저리 잘 피했다. 어쩌다 수건이 제 몸을 푹 덮으면 물리를 잘 아는 사람처럼 재빨리 머리부터 밖으로 내밀며 빠져나왔다. 수의사는 다시 뒷문으로 나가더니 이번엔 둘둘 말린 멍석을 들고 나타났다. 결국 또또는 그 묵직한 멍석 아래 깔린 채 내리누르는 수의사의 몸무게까지 견뎌야만 했다. 그것이 끝도 아니었다. 수의사는 두 팔꿈치로 또또를 콱콱 찍어 움직이지 못하게 하며 멍석을 둘둘 말기 시작했다. 녀석은 너무도 겁에 질려 비명도 지르지 못하고 있었다. 그는 또또를 둘둘 말고 난 뒤 이번엔 무릎으로 찍어 누르며 녀석을 한쪽으로 몰고 갔다. 그러곤 재우기 위해 주사를 꽂았다. 멍석에 둘둘 말리자 너무도 겁을 먹은 또또의 기세는 푹 꺾여 있었지만, 신경이 곤두섰기 때문인지 투여한 약물 효과는 전혀 나타나지 않았다. 그는 혀를 내두르며 두 번 더 주사를 꽂았다. 그처럼 다루기 힘든 개가 수의사도 반가울 리 없었다. 하지만 훌륭하게도 그는 늘 최선을 다해 또또를 치료했다. 또또가 가기로 한 시간엔 아예 다른 개의 치료를 시작하지도 않고 기다렸고, 처음부터 끝까지 신참 수의사의 도움을 받으며 신속하게 치료가 끝나도록 늘 배려했다. 그는 공포로 심장이 터질 것처럼 뛰고 있는 또또를 측은해 하는 눈길로 내려다보며 이따금 말했다.

"어쩌면 이렇게 겁에 질릴 수가 있을까."

어쩌다 나를 따라 동물병원에 같이 갔던 친구들은 그곳에서 벌어지는 소동을 보고 기겁을 했다. 어떤 친구는 또또에게 더 이상의 고통을 주지 말고 안락사시키라고 고함을 지르며 울기도 했다. 나도 차라리 영원히 재워야 하는 것이 아닐까 생각했던 적이 한두 번이 아니었다. 그렇지만 겁에 질린 또또가 원하는 것은 죽음이 아니었다. 또또는 살고 싶어 그처럼 곤두선 채 날뛰고 있었다.

조심조심 첫 외출

　가족들이 있는 본가에 며칠씩 가야 할 때면 나는 아예 또또를 우리 집에 들여놓고 문을 걸어 잠갔다. 영리한 녀석이라 최소한 방 안에는 실례를 하지 않을 것임을 알았고, 만일 방에 배설을 하더라도 감수할 생각이었다. 돌아와 보면 개는 음식은커녕 물 한 모금 입에 대지 않고 있었다. 아무도 없는 남의 집에서 개는 대체 혼자 뭘 하고 있었던 것일까, 싶었다. 다행히 주인집에서는 내게 개의 행방을 묻지 않는 것으로 그 일을 묵인해 주고 있었다.

　몇 차례 그런 일이 있고 난 뒤였다. 또또가 몹시 괴로워하며 잘 걷지를 못했다. 어쩔 수 없이 또 동물병원으로 데리고 갈 수밖에 없었다. 왜 아픈지 알아내는 데 시간이 많이 걸리지도 않았다. 수의사의 표현을 그대로 끌어다 쓰면 "방광이 녹아 버렸"는데, 녀석이 집 안에다 배설을 하지 않으려 했기 때문에 오래 고여 있던 소변이 독이 되어 그런 일이 생겼다. 그 뒤부터 나는 오래 집을 비워야 할 때는 아예 또또를 데리고 갔다. 또또는 3킬로그램도 되지 않아 지고 다니기에 많이 무겁지도 않았다.

아무리 맛있는 것을 줘도 관심을 보이지 않는 이상한 개였지만, 집 밖에 나가면 녀석은 아주 조금씩 먹었다. 한번은 화가인 친구 화실에 갔다가 화실 아래층에 있는 불고기 집에서 친구들과 어울려 저녁을 먹었다. 채식이 식성에 맞는 나는 상추에 밥과 된장을 얹은 쌈을 먹고 있었다. 늘 그랬듯 또또는 지퍼가 조금 열려 있는 배낭 안에서 없는 듯 얌전히 있었다. 고기 냄새를 맡고 조금이라도 먹으려는 의지를 보이면 어떤 식으로든 좀 먹일 생각이었으나, 배낭 안에선 조용한 호흡만 느껴졌다.

여럿이 어울린 자리라 와자지껄 떠들며 내가 다시 쌈을 싸려고 상추를 들었을 때였다. 상추잎에 묵직한 무엇인가가 매달려 올라왔다. 어머, 하며 보니 또또가 푸들푸들한 상추 끝을 입으로 잡고 있었다. 다른 사람들이 의식되어 얼른 빼앗아 버리려고 하자 녀석은 빼앗기지 않으려 했고, 그냥 주자 배낭 속에서 행복한 표정으로 토끼처럼 먹어치웠다. 그때 처음 알았는데, 또또는 고기가 아닌 야채를 좋아했다. 같이 있던 친구들과 나는 처음엔 다른 때와 달리 밖으로 얼굴을 내민 또또에게 놀랐고, 다음엔 녀석이 상추를 먹는다는 사실에 놀랐다. 그날 뒤부터 나는 또또에게 양상추, 배추, 무, 단감, 옥수수, 고구마 같은 채소와 과일을 조금씩 줬고, 녀석은 아작아작 소리 내며 받아먹었다.

집에서는 아무것도 먹지 않지만 밖에 데리고 나가면 조금이라도 먹는 개. 집에 있는 것을 불안해 하는 개. 그런 또또를 나는 더 자주 데리고 나갔고, 어느덧 전용 배낭 안엔 늘 또또가 들어앉아 있었다. 자주 또또를 보는 나의 가족 중 하나는 또또가 성격이 까끌까끌하고 자존심이 꼿꼿해 더 예쁘다고 말하는 사람도 있었다. 하지만 또또는 혼자 대문 밖으로 나가지는 않았다.

우리 집 대문이 열려 있던 어느 날, 넓은 정원이 있는 이웃집에서 풀어 기르던 도베르만이 골목을 돌아다니다 들이닥친 적이 있었다. 도베르만은 또또를 보자마자 거침없이 달려들었다. 그날 또또의 머리는 도베르만의 입 속으로 한 번에 쑥 들어가 버렸지만 내가 있어 다행히 '숨통'이 끊어지지는 않았다. 도베르만이 또또 머리를 입에 넣은 채 몸통을 땅에 여러 번 메쳤던 것에 비하면 또또는 많이 다치지도 않았다. 그러나 충격이 컸다. 또또가 물려 죽도록 둘 수 없어 발길질을 하며 고함을 질러 댔던 내가 받은 충격도 적지 않았다. 녀석이 또또를 버려 두고 나를 공격하려 했기 때문이었다. 겨우 정신을 수습한 나는 또 피 흘리는 또또를 안고 병원으로 달려갔고, 공포에 짓눌려 도무지 마취가 되지 않는 녀석을 치료하느라 수의사와 나는 거의 탈진했다.

그렇게 벌벌 떨며 살던 녀석이 제 발로 걸어 대문을 나갔던 날이 생각난다. 그날 새벽, 나는 번역하는 친구가 한 전화 때문에 잠에서 깼다. 전화선을 빼놓지 않고 잠들었음을 깨달으며 반사적으로 수화기를 들었을 때는 이미 마당에 있던 또또도 잠에서 깼을 것이다.

"선배…" 하는 첫마디만 듣고도 나는 그의 상태를 짐작할 수 있었다. 그 무렵 우리는 만난 지 얼마 안 돼 그다지 친하지 않았는데, 나의 어떤 면이 그 새벽에 전화를 할 수 있도록 만들었는지 의문스러웠다. 그런 한편 나는 목소리만 듣고도 그가 어떤 일로 힘든 시간을 보내다 지푸라기라도 잡는 심정으로 내게 전화했음을 알아차렸다. 앞서 말했듯이 그 시절의 내겐 그런 전화가 자주 걸려 왔다. 날이 밝아 제정신이 되면 그들은 하나같이 "왠지 신뢰감이 들어서…" "미안해. 다신 이런 전화 안 하려고 했는데…"라고 얼버무렸지만, 젊디젊은 나야말로 '왠지 세상 다 살아 버린 노인이 된 듯해서' 그런 전화가 점점 거북했다. 게다가 나는 그들처럼 새벽에 남의 잠을 깨운 적이 없었고, 그럴 생각도 해본 적 없었다.

잠결에 놀라 이미 받아 버린 전화를 끊지도 못하고 들고 있을 때 그가 말했다.

"지금 잠깐 뵐 수 있을까요?"

막 잠든 상태였던 나는 울고 싶었다. 놀라운 것은, 그런 속마음이 조금도 느껴지지 않는 내 목소리였다.

"이 새벽에 문을 열어 놓고 있는 집이 어디 있겠어요?"

차분한 내 말에 그는 청진동에 밤새 영업하는 해장국집이 있다고 대답했다. 솔직히 그날 나는 사람 하나 살리는 셈치고 그 장소로 나갔다. 평소 조용한 모습만 보이던 그는 그날도 조용히 앉아 있을 뿐 거의 말을 하지 않았다. 가끔 그가 하는 말이라곤 자신의 슬픔을 감추려는 듯한 짧은 유머뿐이었는데, 내겐 우습기는커녕 우는 소리보다 더 슬프게 들렸다. 곧 집으로 갈 줄 알았던 그는 슬금슬금 나를 따라왔고, 나는 악착같이 그를 떼내 버리지 못했다. 결국엔 그가 우리 집까지 왔다. 그때 마당에 있던 또또가 기회를 놓치지 않고 따라 들어와 우리가 앉아 있던 테이블 아래 자리 잡고 앉았다.

어느 새 또또는 자라 첫 발정기를 맞고 있었다. 그런데 남자라면 기겁을 하던 또또가 이상하게도 그의 품에는 마냥 안겨 있었다. 또또만 이상한 게 아니었다. 그도 이상했다. 또또의 생식기에서 나온 피가 옷에 묻어도 호들갑을 떨거나 씻으려고 하지도 않고 계속 녀석을 쓰다듬고 있었다. 한참을 그렇게 있던 그가 집에서 키우고 있는 암캐 이야기를 하기 시작했다. 그가 밤잠을 안 자고 난산하던 개의 해산을 도왔던 일과, 그의 마음을 너무도 잘 헤아리는 개에게서 느끼는 깊은 신뢰감….

우리는 긴 시간 동안 같이 있으면서 스프를 끓여 조금 먹었지만, 거의 대화는 하지 않았다. 그는 대화가 필요해서가 아니라 너무 깊어지는 생각으로부터 빠져나오기 위해 그 자리에 앉아 있는 사람처럼 보였다. 잠을 자지 못해 눈꺼풀이 척척 감길 정도로 지친 나는 저녁 무렵 슬픔 속을 헤엄치는 것처럼 보이는 그를 보내야겠다는 의지를 보였다. 그는 재깍 알아차려 몸을 일으켰다. 그를 배웅하기 위해 은사시나무 아래로 난 길을 걸을 때 뒤에서 자박대는 발자국 소리가 들렸다. 뭔가 이상해 우리는 똑같이 뒤를 돌아보았다. 절대로 혼자선 집 밖으로 나오지 않던 또또가 처음으로 제 발로 걸어 나와 우리를 따라오고 있었다.
"저 개, 그냥 맡아서 선배 개로 기르세요!"
겁에 잔뜩 질린 표정으로 조심조심 우리를 따라오는 또또를 슬픈 눈빛으로 바라보던 그가 말했다. 나는 세차게 고개를 저었다.
"기르다 죽으면 제가 인왕산에다 묻어 줄게요!"
그 뒤에도 그는 나만 보면 또또를 맡아서 기르라고 했다.
"정말로 뒷처리는 제가 깨끗이 다 해드릴게요."
그때마다 나는 속으로 그가 데려다 기르면 좋겠다고 생각했지만, 또또는 내가 마음대로 그에게 줄 수 있는 개도 아니었다. 또한 주인집에서 또또를 내게 준다고 해도 맡을 생각도 없었다. 나는 또또가 잘 지내길 바랐기 때문에 힘들 때 도와줄 수는 있었지만 완전히 내 소유로 만들고 싶지는 않았다. 한마디로 나는 어디에도 묶이고 싶지 않았다. 그것은 어릴 때부터 내가 일관되게 추구해 온 의식적인 삶이었다. 그렇게 사는 것이 쉽지는 않았지만, 그것은 온전한 나의 선택이었고, 그로 인한 온갖 불편과 결핍을 나는 꿋꿋이 감당하며 살아가고 있었다. 그런 나를 잘 알고 있는 가족들도 가족 모임이 있을 때마다 남의 개를 데리고 오는 나를 이상하게 여기긴 했지만, 또또와 살게 될 거라고는 아무도 상상하지 못했다.

그 회오리 속에서

또또를 아예 내 개로 만들어 마음 편하게 해주라고 말하는 사람은 많았다. 그 무렵 우리 집에 자주 들어와 있던 또또가 선잠이 든 상태로 가위에 눌리는 것을 보거나 아픈 모습을 본 사람들이었다. 또또가 다니던 병원 수의사도 그런 말을 자주 했다. 그는 또또가 아무리 오래 살아도 3년 이상을 살 수 없다고 장담하면서 내게 용기를 내서 또또를 길러 보라고 적극적으로 권하곤 했다. 병원에 왔다는 공포감만으로도 심장이 터질 듯이 뛰는 또또를 그는 한결같이 측은하게 여겨 자발적으로 치료비도 깎아 주고 있었다.

또또의 병은 맞는 것에서 시작되었고, 병원에서의 치료도 녀석은 똑같은 폭력으로 느끼고 있었다. 그로 인해 공격성이 날이 갈수록 강해져 치료가 다른 개보다 몇 배나 힘들었다. 또또는 신경을 누그러뜨리는 안정제를 맞고도 총알처럼 튀어 수의사의 손을 벗어났고, 간단한 치료를 하는 데도 다른 개보다 몇 배의 시간과 노력이 필요했다. 갈 때마다 그런 난리가 없었다. 그런데다 또또는 자주 아파 심할 때는 이틀에 한 번 병원에 가야만 했다. 이미 내 공간에 자주 들어와 살고 있었기 때문에 맞아서 그런 것이 아니었다. 맞았던 기억으로 인한 공포로 녀석은 정신적인 병을 앓느라 몸도 아팠다.

가끔 우리 집에 와 있던 친구들이 순전히 호기심에 의해 나와 같이 동물병원으로 가기도 했지만, 그들이 따라가는 것은 딱 한 번으로 그쳤다. 그들은 하나같이 동물병원에서 벌어지는 소동을 보고 "안락사!"를 외쳐 댔다. 마음이 약한 한 친구는 엉엉 울며 또또를 안락사시키지 않는 것이야말로 동물 학대라며 나를 몰아세우기도 했다. 결국 내 입에서도 안락사라는 말이 나왔고, 그 무렵 수의사도 안락사를 고려하고 있었다. 하지만 안락사를 시키려면 먼저 안정제를 놓아야 하는데, 공포감으로 신경이 곤두선 또또에겐 약물 효과가 거의 없었기 때문에 안락사를 시킬 수 없다는 결론이 났다. 또또는 일반적인 마취제의 서너 배에 달하는 양을 맞고도 마취가 되지 않는 이상 증세를 보이고 있었다. 엄청난 양의 마취제가 여러 차례 투입된 뒤 초죽음 상태로 누워 있는 또또를 보며 나는 여러 번 생각했다.

'깨어나지 말고 저렇게 영원히 잠들어 버리면 좋을 텐데…'

죽을 때까지도 예뻤지만, 젊었던 그 무렵 또또는 정말로 예뻤다. 초

죽음 상태로 마취되어 의식이 없는 얼굴까지도 정말 예뻤다. 강아지 때의 미모에는 비교도 안 되었지만, 힘없이 벌어진 입 밖으로 창백한 혀가 빠져나와 있는 모습까지도 아주 예뻤다. 그렇게 작고 그렇게 예쁜 개의 머릿속이 엉망으로 헝클어져 있다는 사실이 놀라울 따름이었다.

  그처럼 또또가 아팠을 때 우리는 자주 집 밖으로 나갔다. 또또는 흙냄새를 좋아했고, 가파른 너럭바위 위를 달려 올라갈 때는 야생 여우처럼 생기 있어 보였다. 밖에서 한참 걷고 온 날엔 악몽도 덜 꾸고 가위 눌림도 덜해 나도 운동할 겸 우리는 열심히 돌아다녔다. 집 앞에 있는 사직공원도 산책하기엔 좋았지만, 이따금 불쾌한 일이 생기곤 해 되도록 피했다. 또또에게 술을 끼얹는 취한 사람도 있었고, 갑자기 달려와 걷어차는 사람도 있었다. 종이에 불을 붙여 털을 태우려고 하는 사람도 있었다. 그들이 모두 남자였기 때문인지 또또는 남자를 무서워했다. 특히 건강한 남자들이 다가오면 혼비백산되어 도망쳤다. 맞은편에서 오는 사람이 들고 있던 우산을 다른 손에 바꿔 들어도 또또는 자신을 때리려는 줄 알고 비명을 내질렀다. 평소 신호등을 지켜 길을 건너고, 횡단보도 한쪽으로 얌전히 걷는 모습과는 너무도 다른 쇼크 상태였다.
  그러던 어느 날. 우리는 여느 날과 같이 인왕산으로 갔다. 또또가 정면에서 다가오는 사람에 대한 공포가 컸으므로 나는 되도록 사람들이 지나다니지 않는 길을 찾아 걸었다. 솔숲 사이를 걷던 우리는 길이 끊기는 지점에서 인적이 없는 곳으로 접어들었다. 사람이라곤 보이지 않는 으슥한 곳이라 우리는 긴장을 풀고 느긋하게 걸었다. 내 앞에서 또또도 기분이 아주 좋을 때만 보이는 특유의 걸음걸이로 걷고 있었다. 두 뒷다리를 한꺼번에 들어올려 삐딱하게 한쪽 방향으로 차듯이 걷는 걸음이었다. 그것은 개들이 한껏 기분이 좋을 때 뒤따라 가는 주인에게 선물처럼 보여주는 동작 중 하나인데, 녀석은 계속 그런 걸음으로 걷고 있었다.

  그 숲에서 우리는 섬뜩한 느낌을 주는 한 남자와 마주쳤다. 그를 보는 순간 나는 얼어붙었고, 또또도 본능적으로 위험을 느낀 것 같았다. 잠깐 동안의 정적이 그 숲에 흘렀다. 그런데 말릴 틈도 없이 또또가 정적을 깨며 내 앞으로 나서더니 그를 향해 혼신의 힘을 다해 짖어 대기 시작했다. 산이 쩌렁쩌렁 울리는 크고 우렁차고 다급한 소리였다. 몸 전체를 진동판처럼 울리며 그런 소리를 내는 개가 또또라는 사실이 믿어지지 않았다. 인왕산 곳곳에는 전경들이 있어 누구라도 그 소리를 듣고 곧 달려올 것 같았지만, 한참이 지나도 아무도 나타나지 않았다. 가지 않고 계속 우리 앞에 버티고 서 있는 남자의 눈매와 표정을 뒤늦게 제대로 본 나는 점점 등골이 서늘해졌다. 그는 나를 붙잡으려고 한쪽 팔을 앞으로 쭉 뻗고 한 발 다가섰다 한 발 물러섰다 하며 타이밍을 노리고 있었다. 그 경황 중에 정신을 수습한 나는 또또가 그 남자의 발길에 걷어차일 것 같아 걱정스러웠다. 또또는 그때까지도 그와 나 사이에 서서 목숨을 건 듯 짖어 대고 있었다. 그의 발길 한 번에 숨통이 끊어질 작디작은 녀석의 어디에서 그런 용기가 솟아났는지 믿을 수가 없었다. 남자가 또또와 나를 번갈아 노려보며 사라진 뒤에야 또또는 그 자리에 털썩 주저앉았다. 거기서부터 나는 탈진한 또또를 안고 돌아왔다. 또또는 집에 오자마자 드러누워 3일을 내리 앓았다.

또또는 자다가 계속 비명을 질렀고, 번쩍 들었던 다리를 바닥에 내려놓기도 전에 가위에 눌려 헉헉댔다. 너무도 약하고 가여운 목숨이었다. 녀석은 자고 있는 제 몸에 짙은 내 그림자가 닿아도 놀라 펄쩍 뛰어올랐다.

마음이 기우는 순간들

하루 종일 또또가 보이지 않았다. 간절한 눈빛으로 우리 집에 들어와 살고 싶다는 마음을 표현하면서도 눈치껏 주인집에 가서 지내다 오는 개였기 때문에 나는 녀석이 주인집에 있을 때 누군가가 문을 잠그고 가 버렸을 거라고 짐작했다. 아무도 없는 집은 오히려 안전해 괜찮겠다 싶었다. 그런데 밤늦게 돌아온 주인아저씨가 마당에서 마주친 내게 말했다.

"또또 들어왔어요?"

"?"

"아직 안 들어왔어요?"

"?"

"새벽에 따라오는 걸 보고 갔는데…. 집에 와 있을 줄 알았는데…."
 나와 같이 인왕산과 사직공원을 다니며 밖에 나가는 재미를 들인 또또가 처음으로 주인을 따라 나갔다 길을 잃은 것 같았다. 놀란 나는 또또가 그를 어디까지 따라갔는지 물어보았다. 그는 성당 앞 찻길을 건널 때까지도 또또가 따라오는 것이 보였다고 했다. 새벽 다섯 시 경에 그가 집을 나갔으니 또또는 거의 스무 시간가량 밖에 나가 돌아오지 않고 있었다. 녀석이 견디기엔 너무도 길고 힘든 시간이었다. 우리 집에 와 있던 두 친구를 그대로 둔 채 찾으러 가려는 내게 그가 말했다.
 "그냥 두세요! 괜찮아요. 그까짓 거, 만 원짜리인걸요."
 다시 말해 또또는 가장 예쁜 강아지였을 때 그가 만 원을 주고 산 잡종 개였다. 그 사실을 알자 더욱 또또가 불쌍했다. 그처럼 강하게 자신의 존재감을 드러내고 있는 개가 고작 만 원이고, 만 원밖에 안 되니 늦도록 밖을 헤매고 있어도 찾을 필요가 없다니! 나는 그의 말이 끝나자마자 밖으로 달려나갔다. 가까운 곳부터 부르며 뛰어다녀도 또또는 보이지 않았다. 그가 또또를 마지막으로 봤다는 곳을 향해 달려가면서 나는 목청껏 녀석을 불렀다. 마침내 그곳에 도착했을 때는 숨을 고르느라 벽을 짚고 서 있을 뿐 목소리가 나오지도 않았다. 그런데, 그런 나를 알아보고 차 아래 숨어 있던 또또가 모습을 나타냈다. 너무도 지쳐 있었지만 노여움이나 슬픔 같은 것이 하나도 느껴지지 않는 표정으로 녀석은 나를 보고 기뻐했다. 바보 같은 녀석은 주인을 놓쳐 버린 바로 그 지점에서 그가 돌아오기를 기다리고 있었고, 그는 하루 종일 밖에 있다 다른 길로 돌아왔던 거였다.

또또는 죽을 정도로 아프지만 않으면 나를 따라나섰다. 산에 가서 흙냄새를 맡으며 걸을 때 보면 녀석은 다 나은 것처럼 보였지만, 집에 돌아오면 금세 시들시들해졌다. 자연에서만 볼 수 있는 녀석의 활달한 모습 속엔 어릴 때 보았던 명랑함이 남아 있었다. 둘이서 산에서 많은 시간을 보내고 온 날이면 녀석은 몇 시간씩 자기도 했다. 가끔은 뒷다리를 일자로 쭉 펴고 엎드려 해맑은 눈으로 나를 올려다보기도 했다. 긴장감이라곤 없는 얼굴은 더욱 예뻤고, 벽난로 앞에 놓인 양모처럼 포근해 보였다.

그러는 중에도 녀석은 많이 아팠고, 치료를 해 주는 우리 집에 더 자주 들어와 있게 되었다. 나는 또또가 내가 그 집에 살고 있을 때 죽기를 바랐다. 증세와 체력으로 보아 절대로 3년 이상 살지 못할 거라 했던 수의사의 말대로라면 불가능한 일도 아니었다.

호전되었던 또또의 증세가 고무줄처럼 제자리로 돌아가는 것을 보다 못한 나는 결국 절대로 하지 않으려던 말을 할 수밖에 없었다. 또또를 내게 팔라는 말에 주인집 아주머니는 그냥 같이 키우면 되지 사고팔 게 뭐냐며 굳이 돈을 받지 않았다. "그럼 지금부터 또또 주인 하세요"라는 말을 들으려고 했던 나는 '저렇게 말했으니 내가 없을 때 또또를 팔아 버리진 못할 거야'라고 생각하는 것으로 만족해야만 했다.

개를 키우는 모습을 빼면 인정 많고 다정다감한 그 가족들이 사는 모습은 아름다웠으나 그 집 대문 안은 또또가 살기엔 좋은 환경이 아니었다. 가족들끼리 의견 조율이 되지 않으면 치열하게 자신의 입장을 내세우는 나의 가족들과 달리 그 집 가족들은 늘 조용했고, 세입자에 대한 예의도 깍듯했다. 게다가 그 집은 가난한 시인인 내 분수에 딱 맞았다. 다시 말해 나는 그들이 집을 비워 달라고 하지 않는 한 이사할 생각이 없었다. 그러니 나는 또또의 마지막 모습까지 지켜봐 줄 수가 있었다.

언제부턴가 나는 며칠씩 집을 비울 때면 아예 녀석을 데리고 다녔다. 여전히 녀석은 대문 밖만 나가면 하루 종일 아무것도 먹지 않았다는 것이 믿어지지 않을 정도로 생기가 넘쳤다. 언제나 내 앞 일이 미터 거리에서 뒷다리를 짝 붙이고 참한 아가씨처럼 예쁘게 걸었다. 누가 봐도 단정하고 예쁜 암캐였다. 버스나 지하철, 택시를 탈 때도 녀석은 배낭 속에 얌전히 있어 사람들은 내가 개를 데리고 있는 줄도 몰랐다. 닿아 있는 몸을 통해 녀석의 호흡만 내게 느껴질 뿐이었다. 정말로 신통하게도 녀석은 밖으로 고개를 내밀거나 낑낑대 나를 곤란하게 만든 적이 없었다. 녀석은 전생(그런 것이 있다면!)에 차깨나 타고 다녔던 것처럼 처음부터 멀미도 하지 않았다.

그토록 한 마리 개의 탑승이 은밀하고 조용했지만 가끔은 버스나 택시 기사로부터 승차를 거부당하기도 했다. 배낭에 개가 들어 있다는 것을 알아차리는 그들의 능력은 가히 인간의 범주를 넘어서는 듯했다. 승차를 거부당한 내 등 뒤에서 "저런 미친년이…" 하는 욕설이 들릴 때면 내 얼굴은 벌겋게 달았고, 머릿속까지 뜨끈뜨끈한 열기가 느껴졌다. 그런 일엔 익숙해지지도 않았다. 욕을 해대는 기세로 봐서 그들은 하루 종일 승객들에게 내 욕을 하며 도시를 질주할 것 같았다.

심심찮게 그런 일이 생기자 나는 운전사와 직접 마주칠 일이 없는 전철을 더 자주 이용하게 되었다. 그런데 전철에는 1인 석이 없다는 것이 문제였다. 옆에 앉은 사람이 내가 개를 데리고 있는 것을 눈치 채면 식은땀부터 흘렀다. 그가 개를 좋아하는 사람이면 다행이었지만, 그렇지 않으면 망신을 당할까 봐 조마조마해 도둑질하는 사람처럼 가슴이 쿵쿵 뛰었다. 그래서 나는 아예 자리에 앉지 않고 출입문을 바라보고 선 채 목적지까지 가곤 했다. 90년대인 그때만 해도 나처럼 개를 데리고 다니는 사람이 많지 않아 아무리 조심해도 나는 눈에 띄었다. 또또로 인해 나는 늘 한심하고 이상한 여자였다.

그 무렵 내게 프랑스를 여행할 기회가 있었다. 나로선 분수에 넘치는 여행이었지만, 또또 때문에 마음이 산란해 기쁜 마음으로 여행 가방을 쌀 수도 없었다. 하지만 나는 녀석을 두고 비행기에 올랐다. 여행은 두고두고 기억될 만큼 좋았다. 특히 내가 좋아하는 화가 고흐가 죽음을 맞았던 오베르에 갔을 때 차오르던 생각들이 잊히지 않는다. 그 여행에서 나는 단순하게 사는 삶의 가치를 깊이 깨달았다. 내 삶이 지금보다 훨씬 더 단순해져도 두려워할 이유가 없음도 나는 그 여행에서 알았다. 그처럼 사고의 큰 틀이 짜인 여행에서도 나는 또또를 생각하면 가슴이 답답하고 초조했다. 내가 없는 동안 녀석이 마당에서 얼어 죽었거나 맞아 죽었을 것만 같았다. 그도 아니면 굶어 죽었을 것 같아 한순간도 마음이 편하지 않았다. 녀석이 마당에서 아슬아슬하게 지내다 주인아저씨를 또 물지는 않았을지 걱정하느라 날마다 머릿속이 어수선하고 스산했다. 그처럼 또또는 여행하는 내내 내 마음을 무겁게 했고, 돌아오는 비행기 안에서는 더욱 조바심치게 했다.

 돌아오니 또또는 얼어 죽지도 맞아 죽지도 굶어 죽지도 않고 마당에서 슬픈 표정으로 나를 맞았다. 한동안 못 보던 나를 반겼으되 너무도 슬퍼 보이던 그 얼굴이 아직도 눈에 선하다. 개에게도 그처럼 복합적인 표정이 있다는 것을 나는 그때 처음 알았다. 집을 오랫동안 비웠던 보호자가 돌아오자 안심하는 한편 서운함과 노여움도 한꺼번에 방출하는 아이 같았다고나 할까. 그러고 나선 바로 자신의 처지를 깨닫고 슬퍼하는 속 깊은 아이 같았던 또또의 표정이 잊히지 않는다.

나보다 나를 더 잘 아는 사람들

썩 기분 좋은 일은 아니지만, 살다 보면 나를 잘 안다고 주장하는 사람들이 있다. 그들은 몇 가지 사소한 일을 바탕으로 나를 분석한 뒤 내가 어떤 사람인지 확신하곤 한다. 본인을 앞에 두고 기분 나쁜 말을 하기란 쉽지 않기 때문인지 대체로 내가 얼마나 좋은 사람인지에 대한 확신에 찬 말을 듣게 되지만, 들을 때마다 당황스럽다. 내가 기억하지 못하는 일이 판단의 근거가 되기도 해 자꾸 지난일을 돌아보게 하는 그런 식의 평가를 받고 나면 그들은 내게 조금 불편한 존재가 되어 버린다. 가족도 마찬가지이다.

드디어 개를 안고 다니는 나를 보다 못한 가족들이 동원되었다. 어느 면에선 나보다 나를 더 잘 아는 그들은 시간이 되면 차로 우리를 목적지까지 데려다 주곤 했다. 미련한 나는 또또를 늘 데리고 다니면서도 녀석이 남의 개라고 생각했지만, 어려서부터 나를 봐 왔던 가족들은 이미 녀석이 내 개가 되어 있음을 알았던 것이다. 나를 무척 한심하게 여겼지만 그들 역시 내 품에 안겨 나만 믿고 있는 눈빛이 불안한 또또를 가여워했다. 그래서 어디에서든 또또 자리를 내줬고, 먹든 안 먹든 또또 몫의 음식도 챙겨 주었다.

또또는 우리를 태우러 온 차가 집 앞에 오면 엔진 소리만 듣고도 알아차렸다. 늘 이상했던 것은 우리 집 앞 주차장을 이용하는 똑같은 차들이 많았는데도 또또는 우리 집에 오는 차를 정확히 구분했다는 점이다. 한참 지난 뒤에야 또또보다 청각이 더 예민한 개들도 있다는 것을 알았지만 그땐 그 역시 병으로 인한 지나친 증세라고 생각했다.

수의사는 또또에게 일종의 분열증 같은 것이 나타나고 있다고 했고, 나도 그렇게 느껴질 때가 많았지만, 나와 살았던 마지막 무렵의 또또를 생각해 보면 녀석은 그냥 너무도 겁이 많은 개였던 것 같다. 생각해 보니 나도 순전히 내 의지로 정신과 의사를 찾아간 적이 있었다. 이십 대였고, 너무도 머릿속이 혼란해 곧 미쳐 버릴 것만 같은 위기감을 느낀 때였다. 오직 두 가지 감정만이 그 혼란 속에서 분명하게 느껴졌다. 그것은 막연한 분노와 막연한 슬픔이었다.

그 두 감정이 널뛰기를 하던 어느 날 나는 슬리퍼를 신은 채 지갑만 들고 집을 나갔다. 거리를 헤매고 다니다 충동적으로 들어간 병원에서 나는 한 의사를 만났다. 나를 상담했던 그는 내 몰골만 보고도 비용이 많이 드는 정신과 상담을 받을 경제력이 없음을 한눈에 간파했을 것이다. 그럼에도 그는 내게 적선과도 같은 덕담을 해주었다. 가장 먼저 그는, 내가 정신과 상담을 받을 필요가 없는 사람이라고 했다. 그 다음엔, 인간의 존엄성을 지켜 낼 수 있는 정신력이 내게 있으니 나를 믿고 살아가면 된다고 말했다. 적선을 했든, 정말로 나의 어떤 점을 확신했든, 그가 했던 말은 내가 혼란할 때마다 큰 힘이 되었다. 나는 동굴 속에 혼자 갇힌 듯한 기분이 들 때도, 드물게는 자만심이 차오를 때도, 슬플 때도, 그리고 기쁠 때도 그의 말을 떠올렸다. 그의 말은 나를 통제하고 자존감을 지켜 내는 데 언제나 도움이 되었다. 그래서일까. 나는 정말로 힘들어 보이는 사람에겐 아픈 진실을 말하기보다 그 의사와 같은 방식으로 말하곤 한다. 내가 성격이 나쁘고 융통성이 없음에도 한결같이 내 주변에 사람이 있는 것도 어쩌면 그 때문일지도 모른다.

내 경우엔 그처럼 좋은 의사를 만나 혼란이라는 늪지를 빠져나올 수 있었지만, 또또에게는 그것이 불가능했다. 그래서 더 가여운 또또는 여전히 두려움 속에 살고 있었다. 그런 또또를 통해 나는 여러 번 생각했다. 늘 내 안에 잠복되어 있으나 정확한 원인을 알 수 없는 나의 분노가 어쩌면 마루를 잃은 어린 날에서부터 시작되었을 수도 있다고.

또또는 나와 여행을 아주 많이 했다. 녀석은 우리나라를 샅샅이 훑고 다녔고, 안 얻어 타 본 차가 없었다. 가끔 나는 농담이되 진담이기도 한 말을 하곤 했다.

"우리 또또가 아직 벤츠만은 타 보지 못했네."

한번은 영덕 지방 쪽으로 가족들과 여름휴가를 갔는데, 그곳에서 그다지 멀지 않은 도산서원 가는 국도변에 있는 외갓집에도 들렀다. 농사를 지으며 살다 몇 해 전 나의 어머니보다 늦게 세상을 떠난 외할머니는 개를 데리고 여행을 하고 있는 우리를 물끄러미 바라볼 뿐 별다른 반응은 보이지 않았다. 그런데 농가라고는 하지만 파리 한 마리 날지 않는 청결한 실내에 들어와 있는 개를 불편하게 여기고 있음을 눈치로 알 수 있었다. 또또는 조용히 나만 바라보고 있었지만 외할머니가 보기엔 언제 씻었는지 알 수 없는 개였을 뿐이다. 게다가 그 집 마당엔 묶인 채 혀를 늘어뜨리고 헉헉대는 개가 있어 더욱 비교가 되었다. 잠잘 때가 되어도 우리가 개를 밖으로 내보내지 않자 깔끔한 외숙모 눈치를 보던 외할머니가 사태를 마무리하기 위해 말을 시작했다.

"이런 화초개는 값이 아주 비싸지?"

또또가 가장 전성기였을 때 값이 만 원이었음을 알고 있던 나의 가족들은 서로 의미심장한 눈빛을 주고받다가 '이런 민폐가 없구나' 하는 시선을 내게 고정시켰다.

그런가 하면 어느 여행에서는 또또가 숙소에서 쫓겨나는 바람에 우리는 축사 근처에 텐트를 치고 밤을 꼬박 새운 적도 있었다. 그날, 모두가 잠든 새벽에 축사에서 몰래 이산화탄소를 배출해 우리는 질식해 죽을 뻔했다. 어둠 속에서 듣는 잠자리가 불편한 동물들의 거친 숨소리도 우리를 괴롭혔다. 그 여행에서 돌아오는 국도변으로 늘어선 양계장에선 우리가 탄 차가 달리는 동안에도 더 많은 계란을 얻기 위해 불을 껐다켰다 하고 있었다. 나는 점점 침울해졌고, 늘 시선이 나를 향해 있던 또또는 빠른 속도로 가라앉는 내 기분을 눈치챘다. 그럴 때면 녀석은 내 팔에다 얼굴을 문지르곤 했는데, 그처럼 시시각각 내 기분을 빠르고 정확하게 알아차리는 존재는 일찍이 없었다.

또또를 만나기 전까지 나는 개를 조금도 무서워하지 않았다. 어릴 때 길렀던 개들은 모두 슬퍼 보일 정도로 사람들에게 순종적이었다. 족보 있는 개도 한 쌍 길렀는데, 고양이가 창틀에 앉아 햇볕을 쬐며 졸고 있는 것을 잡아채 눈 깜짝할 사이에 물어 죽인 적이 있었다. 공격적이었던 그 녀석들도, 그 다음에 기른 포인터를 비롯한 다른 개들도 사람에게는 위협적이지 않았다.

개를 무서워하지 않던 내가 또또를 만난 뒤부터는 아무리 순해 보이는 개가 달려와 꼬리를 치며 매달려도 쓰다듬지를 못했다. 또또는 늘 자신에게 다가가는 사람의 손을 무서워해 그 손이 어떤 손인지 판단하기도 전에 물어 버릴 때가 많았다. 물고 나선 도저히 못 봐줄 정도로 신음소리를 내며 괴로워했지만, 그것과는 별개로 무는 버릇은 고쳐지지 않았다. 그것은 병에 속하는 증세라서 개의 의지로 고칠 수 없을 것도 같았다.

개는 자신의 주인을 죽을 때까지 섬긴다고 한다. 우리 동네에서 심하게 학대 받는 개가 불쌍해 구출해서 한 원로 소설가의 집에 데려다

주려고 한 적이 있었다. 햇볕이라곤 과자 부스러기만큼도 들지 않는 상자 속에 갇혀 죽어 가는 개를 북한산 아래 평창동까지만 데리고 가면 다 되는 일이었는데, 녀석은 이빨을 드러내며 주인에게 충성심을 바치려고 했다. 결국 녀석은 그 상자 안에서 굶어 죽었다. 아직도 나는 그 집 앞을 지나갈 때면 그 개를 생각하곤 한다. 몸집이 꼭 또또만 했고, 또또처럼 자존감이 강했던 그 개는 수캐였다. 녀석은 몸집에 비해 퍽 용감한 수캐였지만 자신의 환경에 절대적인 지배를 받았다. 앞선 우리 동네의 1차 재개발 때 주인에게 버림받았던 녀석이 다시 새 주인을 섬긴다는 것은 상상할 수도 없었던 것일까. 그런 불행한 일이 또또에게 생기지 않도록 나는 녀석이 살아 있는 동안 개량한옥에서 계속 살 생각이었다.

그땐 서울 도심 한복판에서도 개를 풀어놓고 키우는 집이 가끔 있었다. 그래서 또또와 산책을 할 때는 사나운 개들로부터 또또를 지키기 위해서도 신경을 써야만 했다. 늘 조심했지만 또또는 인왕산 아래 있는 국궁장인 황학정에서 풀어 키우는 진돗개에게 물리기까지 했다. 진돗개는 다른 개들에 비해 약간 비겁하게 싸운다는 것을 나는 또또를 데리고 산책을 하면서 알았다. 다른 큰 개들은 대체로 정면에서 공격을 하기 때문에 신경만 쓰고 있으면 피할 수 있는 시간이 있었다. 하지만 진돗개는 버겁다 싶은 상대는 아예 피했고, 상대가 되지도 않는 작은 개들에게 달려들어 대번에 숨통을 물곤 했다. 그뿐 아니었다.

진돗개는 늘 무방비 상태로 있는 개를 등 뒤에서 기습 공격했다. 웬만큼 용감한 개도 그런 녀석들을 이길 수는 없었다. 게다가 또또는 작디작은 발바리였다. 또또에게 달려드는 진돗개를 내가 대신 물어뜯길 각오로 걷어찼기 때문에 많이 다치지는 않았지만, 이미 도베르만에게 물렸던 악몽이 있던 또또는 다시 큰 충격을 받았다. 가여운 또또는 또 껍질이 벗겨졌고, 어마어마한 양의 노란 점액질을 계속 게워냈다. 수의사가 했던 말을 굳이 떠올리지 않아도 배를 접었다 폈다 하며 샛노란 점액질을 며칠씩 토하는 또또는 내가 보기에도 오래 살 것 같지 않았다.

돌아가는 길

또또가 가장 아팠던 최고점이 계속되었다. 늘 선량한 수의사가 병원비를 깎아 줬지만, 이렇다 할 고정 수입이 없는 내겐 역시 만만치 않은 병원비가 지출되었다. 병원비 부담이 없다 하더라도 또또를 데리고 병원으로 가는 것도 내겐 언제나 힘에 부쳤다. 병원으로 가는 길로 접어드는 순간 또또는 숨이 멎을 것처럼 떨었고, 온힘을 다해 들어 있던 배낭 위로 용수철처럼 튀어올라 내 손아귀를 벗어났다. 그래서 나는 녀석을 속이려고 역사박물관 앞을 지나 한참 돌아가는 길을 택했지만, 한 번만 속였을 뿐 두 번은 어림없었다. 녀석은 '이번엔 쉽게 치료를 끝내야 할 텐데' 하는 두려움에 찬 기운을 감지해 병원에 가는 것임을 알아차리는 듯했다. 그도 아니면 제 몸과 닿은 나의 심장 박동을 통해 병원에 가고 있음을 느끼는 것도 같았다.

그처럼 예민하다 못해 과민한 또또를 보다 못해 수의사는 내게 한 가지 제의를 했다. 예약한 시간에 맞춰 오게 되더라도 반드시 근처에서 병원으로 전화를 하고 오라는 거였다. 단 1초의 공백도 없도록 치료를 시작함으로써 또또의 고통을 줄여 주자는 뜻이었다. 그 뒤부터 나는 그가 시킨 대로 또또가 눈치 채지 못하도록 딴청을 부리며 병원 근처에서 암호 같은 전화를 걸었다. 그 뒤엔 병원 밖에서 미리 안정제를 놓아 안으로 데리고 들어가거나 배낭 안에 든 채로 재갈을 물려 치료하는 극단의 방법까지 동원되었다. 나중엔 검은 모자를 머리에 푹 눌러 씌워 아무것도 보지 못하게 한 채 병원으로 가기도 했는데, 큰 효과를 보지는 못했지만 꽤 도움이 되었다.

한번은 마취한 뒤 치료를 끝내고 축 늘어진 또또를 안고 집으로 돌아간 적이 있었다. 마취가 덜 깬 상태였는데도 병원 밖으로 나가자마자 녀석의 숨결이 한결 편안해지는 것이 느껴졌다. 녀석은 나를 믿고 있는 것이 분명했지만, 그 믿음을 통해 자신의 행동을 통제하지는 못했다. 병의 원인과 그처럼 깊어진 과정을 잘 알고 있던 나는 녀석이 가여웠지만 겨우 머리나 쓰다듬을 뿐이었다. 그날 집에 도착해 방석 위에 눕힌 다음 어두운 침대 밑으로 방석을 밀어넣어 줄 때까지도 또또는 몸을 축 늘어뜨리고 있었다. 그처럼 마취를 강하게 해 치료하는 것은, 극도로 예민해진 또또는 마취가 잘 되지 않았기 때문이다. 그런데다 녀석은 아주 작은 기회만 있어도 악착같이 정신을 모아 사람을 물려고 덤볐다. 가만히 있으면 쉽게 끝낼 수 있는 치료도 열 배는 힘들어지고 있었다.

아무튼 그 날 침대 밑으로 밀어넣을 때까지도 축 늘어져 있던 또또가 비틀대며 침대 밖으로 걸어 나왔다. 마취가 깨면서 변의를 느꼈나 보다 하는데, 녀석은 문 앞으로 가지 않고 내 앞으로 비틀비틀 걸어왔다. 나는 혼자 걸어갈 힘이 없으니 안아서 밖으로 내보내 달라는 뜻인 줄 알았다. 그런데 그게 아니었다. 녀석이 작심하고 나를 잘근 깨물었다. 분명 제 딴에는 힘껏 물었을 테지만 마취가 덜 깬 데다 굶은 상태라 조금도 아프지는 않았다. 그래도 개가 반사적으로 한 행동이 아니라, 작심하고 다가와 나를 물었다는 사실에 나는 꽤 놀랐다.

그 사이 녀석은 걸음아 나 살려라 하면서 도망치고 있었다. 녀석의 걸음은 뒤엉키다 못해 미처 앞다리를 따라가지 못한 뒷다리가 엉덩이 뒤로 쭉 빠지기도 했다. 힘없는 다리가 받쳐 주지 못한 배도 방바닥에 찰떡 덩어리처럼 들러붙었지만, 녀석은 온힘을 다해 허둥지둥 침대 쪽으로 도망쳤다. 걸핏하면 자신을 '무서운 병원'으로 데리고 가는 것에 대한 분풀이를 했음을 알자 어이가 없어 웃음이 나왔다. 나도 녀석처럼 엉덩이로 바닥을 쓸며 가 침대 밑을 들여다보자 녀석은 이미 섭섭함이 조금도 남아 있지 않은 표정을 짓고 있었다. 녀석은 내가 끌어내 혼내기라도 할까 봐 궁둥이를 밀며 더 안쪽으로 들어갔지만 긴장한 것처럼 보이지는 않았다. 나중에 "그날 또또 괜찮았어요?"라고 묻는 수의사에게 나는 그런 일이 있었다고 말해 주었다. 학구적인 그는 깜짝 놀라며 몇 번이나 그 일을 자세하게 물었다. 그런 행동 패턴은 결코 개에게 나타나는 것이 아니라고 하면서.

그 말을 들었을 때 나는 또또가 거울을 통해 자신의 모습을 처음 보았을 때가 생각났다. 내가 녀석에게 거울을 보게 한 것은 다름 아닌 분수를 알게 하기 위해서였다. 녀석이 인간 세상에서 살기 위해서는 어떻게든 인간과 개의 차이점을 알고 무는 버릇을 고쳐야만 했다. 그래서 나는 녀석을 안아 내 얼굴과 바짝 맞댄 채 날마다 거울 앞에 서곤 했다. 눈에 보이는 그 극명한 비교를 통해 다시는 사람을 무는 일이 없도록 하기 위해 나로서는 나름대로 생각 끝에 한 행동이었다.

처음 거울 앞에 서자 녀석은 숨이 막힌 듯 깜짝 놀랐다. 그 다음 순간, 처음보다 더한 놀라움이 눈빛에 나타났다. 나는 녀석이 거울 속에 있는 제 모습을 다른 개로 착각한 줄 알았다. 그런데 그러기엔 뭔가가 이상했다. 곧이어 또또가 신음소리를 내며 괴로워하기 시작했던 것이다. 내겐 영원히 잊히지 않을 정도로 기이하고 인상적인 반응이었다. 그 일은 정말 너무도 이상해서 다른 사람에게 말하기에도 조심스러웠다. 그래서 나는 그 일을 나의 가족과 친한 두 친구에게만 말했던 것 같다.

그 뒤로도 나는 날마다 또또를 안고 거울 앞에 한동안 서 있곤 했다. 그것만이 우리가 다른 존재임을 분명히 알게 하는 확실한 방법이었다. 또또가 죽기 사흘 전까지도 그 일이 반복되었다. 외출했다 돌아오면 씻기고 난 뒤 반드시 거울 앞에 서는 일과가 그처럼 날마다 계속

되었다. 그때마다 또또는 내려 달라고 보채지도 않았고, 거울로부터 얼굴을 돌리지도 않았다. 내가 내려놓을 때까지 거울 속 제 얼굴을 하염없이 바라보고 있었다. 내려놓기 전엔 거울 앞으로 더 바짝 녀석을 밀어 한 번 더 모습을 각인시켰다. 그것은 또또가 죽을 때까지 하루도 빠뜨리지 않고 되풀이되었던 우리의 중요한 일과였다. 어느 때는 팔이 아프도록 거울 앞에 서 있기도 했지만 또또는 다른 데로 눈을 돌리지 않고 거울 속 제 모습을 보고 있었다.

육체는 물론 정신적 고통이 최고점에 있던 그 무렵. 또또가 날마다 토해 내는 샛노란 점액질은 엄청났다. 그렇지만 내가 집 밖에 나가 있는 시간이 적으면 녀석은 훨씬 덜 토했다. 내가 없을 때 녀석이 어떻게 지내는지 알 방법이 없어 단정할 순 없지만, 녀석은 분명히 내가 집에 있을 때 훨씬 편하게 지내는 것 같았다. 그것을 못 느꼈으면 모를까. 알고 나니 점점 무게감이 더해지는 또또의 존재감이 날로 부담스러웠다. 나는 녀석이 가여워 내 힘이 닿는 데까지 돌봐 주긴 했지만 녀석의 소속감까지 바꿀 수는 없었다. 앞서 또또를 내게 팔라고 했을 때 주인이 돈을 받았다면, 마음이 덜 준비되었던 나는 부담감으로 숨이 막혔을지도 모른다.

어릴 때 마루를 잃은 뒤 내겐 한 번도 '내 개'가 없었고, '내 개'를 만들어 옆에 둘 생각은 해보지도 않았다. 마루를 잃은 사건은 내게 너무도 큰 아픔이라 마루 이후에 우리 집에 왔던 여러 개들에게 나는 일체

신경을 쓰지 않았다. 나는 개로 인해 다시는 그 같은 슬픔에 잠기고 싶지 않았다. 그것은 너무 어린 나이에 감당할 수 없는 충격을 받아 본 사람의 본능적 의지였다.

의지는 그처럼 강했으나 외출했다 돌아가면 혼자 집에서 앓고 있는 개에게 나는 묶이고 있었다. 제대로 의식하지도 못하는 사이에 나는 점점 더 많은 장소에 또또를 데리고 다니기 시작했다. 개를 안고 다니느라 편리함만을 추구하는 복장은 내 체형의 결점들을 감추기는커녕 점점 강조하고 있었다. 그렇지 않아도 어딜 가도 딸리는 외모에 혹부리로 또또가 붙어 있고, 옷에 붙은 개털이 날리는 나는 영판 양아치였다.

"얘가 점점 파자마 패션이 되어가네!"

"에고, 은아. 정신 차려."

시를 쓰는 한 친구는 그런 말로 나를 자극했지만, 그다지 효과가 없었다. 평소에도 잘 차려 입고 다니지 못했지만, 개를 데리고 여기저기 다니기 위해서는 평소처럼 입어도 불편했기 때문에 내 복장은 날이 갈수록 그렇게 되어 갔다. 또또보다 늦게 태어난 조카가 고등학교 2학년이던 작년에 또또가 죽었으니 나는 아주 많은 시간을 그처럼 살아온 것이다.

제2부 자리 찾기

유혹은 아름답고 발정은 추한가?

얼마 전 교통사고로 세상을 떠난 박철수 감독이 만든 한 영화 포스터에서 '동물은 발정하고 인간은 유혹한다'라는 문장을 본 기억이 난다. 유혹은 본능과 이성이 교묘하게 뒤섞인 상태이고, 발정은 그야말로 본능적인 것이다. 얼핏 유혹이 훨씬 고차원의 영역 같지만, 또또와 지내면서 그 점에 관한 내 생각은 많이 바뀌었다. 발정이야말로 판단이나 비판의 근거가 될 수 없는 순수한 것이고, 유혹은 온갖 속셈과 불순한 의도가 뒤섞인 덜 순수한 것이다. 그러니 순수함을 기준으로 보면 유혹은 발정보다 저차원에 속한다.

언젠가 온갖 성인용 에로물을 섭렵했다는 몇 사람과 시시한 영화를 한 편 본 적이 있다. 영화 초입부에 시추인 수캐가 곰인형을 다리에 끼고 헉헉대는 민망한 장면이 한동안 나왔다. 개를 잘 알고 있는 내가 속으로 '저 녀석이 저러고 있는 것이 감독 눈엔 특이해 보였나 보지?' 하고 있을 때 같이 있던 사람들이 불쾌하다며 발칵 화를 냈다. 온갖 성 체위를 영상으로 섭렵한 그들의 분노가 나로선 이상했다. 본능에 맞게 살아가는 개들에게 따로 짝짓기를 할 수 있는 공간을 주지도 않았으면서 사람들은 그런 행위가 눈으로 보지 못할 정도로 흉측하고 외설스럽다고 말한다. 물론 나도 개들이 짝짓기하는 것을 태연하게 볼 수 있는 유형의 인간은 아니지만.

또또에게도 일찍이 발정기가 왔다. 처음 그때가 되었을 때 또또는 제 몸에 일어난 일을 이상하게 여기는 듯했고, 생리통이라도 있는 것처럼 아파 보이기도 했다. 두 번째 발정기가 왔을 때부터 또또는 본능을 해소하지 못해 괴로워했다. 수캐들이 날마다 찾아와 대문에다 오줌을 쌌고, 대문 아래로 주둥이를 밀어 넣으며 맹렬하게 또또를 유혹했다.

또또 역시 암컷으로서의 기교를 본능적으로 알았다. 그래서 수컷들이 몰려들었을 때 그 녀석들을 하나하나 관찰한 다음 저마다 다르게 대했다. 개들도 외모에 끌린다는 실험 결과가 있다고 하더니, 맞는 것 같았다. 또또로 인해 신경을 쓰다 보니, 개들도 상대를 가리지 않고 짝짓기를 하는 것은 결코 아니었다. 또또를 찾아와 가장 적극적으로 구애하던 개는 대문 앞에서 비를 맞으며 꼬박 밤을 지샜지만, 또또는 아무런 관심도 보이지 않았다.

발정기의 정점에 이르렀을 때 또또는 대담하게도 대문 밖으로 스스로 걸어 나갔다. 불안해 보였지만, 그것을 넘어서는 통제할 수 없는 욕구가 느껴졌다. 어떤 것도 그때의 또또를 막을 수는 없을 것처럼 보였다. 어느새 또또는 사람이 없는 곳에서 짝짓기를 하기 위해 유인하는 수캐를 따라 달려가고 있었다. 그 모습이 평소와는 너무도 달라 눈으로 보면서도 믿어지지 않았다. 이 땅에서 사는 똥개들의 운명을 잘 알고 있는 나는 짝짓기를 못하게 하려고 따라 뛰었지만, 내 걸음으로는 본능을 향해 뛰는 두 개를 따라 잡을 수가 없었다. 숨이 차도록 따라 뛰면서 생각해 보니 내 걱정이 두 가지임을 알 수 있었다. 앞뒤 가리지 않고 멀어져 가는 또또를 영영 잃어버릴 수도 있다는 불안감과, 또또가 새끼를 낳게 되는 상황에 대한 걱정이었다.

번식을 한다는 것은 내겐 언제나 신중해야 할 문제였다. 개라고 해서 다르다고 생각되지 않았다. 더구나 늘 아픈 또또에겐 새끼를 낳는 자체부터 위험할 것 같았다. 또또를 위해서도 태어날 새끼들을 위해서도 그런 일이 생겨서는 안 되었다. 점점 확실해지는 걱정에 사로잡혀 뛰어가다 보니 두 녀석이 사직터널 위 사회과학자료원 앞에서 숨고르기를 하느라 멈춰 있는 것이 보였다. 그곳은 인왕산이 시작되는 지점이었다. 나는 다시 눈에 들어온 또또를 향해 정신 나간 여자처럼 외쳐 댔다.

"또또야, 안 돼! 너 새끼 낳으면 정말 안 돼! 그건 안 되는 일이야!"

내 말뜻을 알아들었던 것일까. 또또가 미간을 접은 채 내가 다가갈 때까지 꼼짝 않고 서 있었다. 하지만 잡으려고 팔을 뻗자 다시 도망쳐 버렸다. 다행히 녀석은 멍한 표정이었고 방금 전과 같은 기세로 달아나지는 않았다. 흔들리는 또또의 마음을 알아챈 수캐가 또또를 데리고 산으로 들어가려고 더욱 채근하기 시작했다. 나는 안달이 나서 더 큰 소리로 외쳤다.

"너를 생각해 봐! 새끼가 태어나면 그 녀석들을 어떡하니! 안 돼, 안 돼, 절대 안 돼, 하지 마!"

내가 너무 단호했기 때문이었을까. 멍한 표정의 또또는 내가 잡아 품에 안도록 가만히 있었다. 또또를 데리고 그곳까지 갔던 녀석이 '이럴 수가…' 하는 표정으로 집으로 돌아오는 우리 뒤를 따라오며 울부짖었다. 또또는 고개를 빼 내 등 너머로 녀석을 내려다보긴 했지만, 더 이상의 의지를 보이지는 않았다.

그날 이후 또또는 수캐들이 찾아오면 반겼지만, 절대로 그 이상의 선을 넘어가지 않았다. 본능을 강하게 느끼되 거부하는 또또의 목소리는 다른 때와는 너무도 다른, 엄청나게 높고 날카로운 고음이었다. 그 비명에 가까운 소리는 하루 종일 골목 밖으로 퍼져 나갔다. 수캐들은 또또의 털이 꼬불꼬불해지도록 핥아 주며 정성껏 유혹할 수는 있어도 제대로 짝짓기를 하기 위해 몸을 밀착할 수는 없었다. 제일 먼저 나가떨어진 개가 럭키였다.

또또가 가장 좋아한 개였던 럭키의 원주인은 우리 동네에 살던 가난한 화교였다. 그들이 풀어놓고 기르던 럭키는 그들 이상으로 동네 사람들에게 천덕꾸러기였다. 하지만 그들은 단칸방에 살면서도 럭키가 아플 때마다 병원을 찾았고, 회복이 힘들면 영양 주사를 놓아 주며 정성껏 키웠다. 텃세가 심한 우리나라에서 잘 정착하지 못했던 그 가족들은 새천년이 시작된 지 몇 해 되지 않아 베트남으로 재이민을 가게 되었다.

그들이 베트남으로 떠나기 전날, 무작정 럭키를 안고 내가 사직동에서 세 번째로 사는 이 한옥의 옆집으로 찾아왔다. 또또를 데리고 나와 자주 산책길에 동행했던 옆집 친구야말로 럭키를 믿고 맡길 수 있는 사람이라고 그들은 믿었던 것이다. 럭키를 부담스러워하는 옆집 친구에게 온 가족이 눈물을 보인 뒤 그들은 럭키를 맡기고 떠날 수 있었다.

"제발 럭키를 잡아먹진 마세요!"
하며 떠나는 그들로부터 떨어지지 않으려 울부짖는 럭키를 또또는 그전부터 좋아하고 있었다. 럭키도 또또처럼 갈색 잡견이었는데, 또또만큼 영리했다.

녀석은 몸도 정신도 건강해서 새 주인과 환경에 잘 적응했다. 럭키는 또또와 달리 본능대로 살았다. 내가 럭키를 "바람둥이 녀석"이라고 하면, 옆집 친구는 바람둥이 기질까지 갖춘 럭키야말로 완벽한 존재라며 좋아했다. 풀어놓고 키우는 럭키는 온 동네방네 다니며 자신의 유전자를 퍼뜨리고 다녔다. 한눈에도 럭키 새끼임을 알 수 있는 개들이 윗동네 아랫동네 할 것 없이 쫙 퍼져 있었다. 누가 봐도 영락없이 럭키와 똑같이 생긴 개가 우리 동네에서 꽤 멀리 떨어진 가게 앞에 묶여 있는 것을 보기도 했다. 하지만 럭키의 유전자를 물려받은 새끼들은 그다지 잘 살지 못했다. 일반적인 잡견의 운명에 따라 잠깐 살다가 곧 어딘가로 사라져 버렸다.

또또의 발정기 때마다 바짝바짝 마르던 럭키가 나가떨어진 뒤 또또는 수많은 럭키의 새끼들을 봐야만 했다. 눈앞에서 럭키가 다른 암캐와 짝짓기하는 것을 봐야 할 때도 많았다. 또또는 눈물겨워 보일 정도로 럭키를 좋아했지만 끝내 한 번도 짝짓기를 허락하진 않았다. 그러는 중에도 '이번엔 정말로 짝짓기를 하겠구나' 싶은 상황이 생길 때도 있었다. 그때마다 나는 애가 탔다. 녀석이 새끼를 낳으면 그 녀석들에게 좋은 주인을 찾아 줄 자신도 없었고, 길러 줄 사람들이 부담 없이 맡을 수 있도록 하나하나 중성화수술을 해서 분양할 경제력도 없었다. 그리고 무엇보다도 그 녀석들의 운명이 걱정스러웠다. 그래서 수컷을 따라 멀어지는 또또를 뒤따라 뛰는 내 목청은 점점 커졌다. 내 목소리는 하루가 다르게 커져 내 귀에도 믿어지지 않을 정도로 우렁찼다. 동네 사람들까지도 "기어들어 가던 목소리가 연사처럼 됐다"고 표현할 정도에 이르렀으니….

본능으로 괴로워하는 또또를 보는 것은 쉽지 않았다. 생각 끝에 나는 소설 쓰는 한 친구가 준 까슬까슬한 무릎 담요를 둘둘 말아 본능을 가라앉혀 보라고 또또에게 던져 줬다. 그것은 효과 만점이었다. 발정기가 되면 녀석은 그것을 다리 사이에 끼고 캥거루처럼 뛰었다. 우리 집에 오는 사람들은 그걸 보고 희한하다며 키득댔지만, 또또가 들을 정도로 내놓고 웃지는 않았다. 짐작건대 또또도 제 녀석이 그처럼 웃음거리가 되는 줄 알았다면 새침해져 구석으로 들어가 한숨을 폭폭 쉬며 괴로워했을 것이다.

새끼를 한 번도 낳지 않았지만 또또가 암캐로서 몸에 문제가 있는 것은 아니었다. 또또는 밖에서 보는 다른 암캐들보다 여성스러웠을 뿐만 아니라 모성애 같은 것도 풀풀 풍겼다. 동네에서 마주치는 길고양이 새끼나 럭키의 새끼들을 바라볼 때 또또의 눈과 코는 유난히 촉촉해져 내면에 어떤 소용돌이가 일고 있음이 느껴졌다. 그 모습은 조금 슬퍼 보이기도 했다.

하루는 럭키도 데리고 산책하다가 사나운 진돗개와 마주친 적이 있다. 수캐였던 그 녀석이 앞뒤 가리지 않고 또또의 두 배 몸집인 럭키에게 달려들어 목을 물어뜯었던 것도 또또는 누가 봐도 암캐였기 때문이다. 럭키가 재수술까지 하며 힘들어할 때 또또는 럭키의 고통에 동요되는 것 같았다. 성격 좋고 체력 좋은 럭키는 빨리 회복됐지만, 또또는 머릿속이 심하게 흔들린 것처럼 날마다 토했다. 럭키는 피를 콸콸 쏟던 다친 상처가 아팠지만, 그런 럭키를 보던 또또는 마음이 몹시 아픈 것 같았다.

개와 같이 있는 사람을 보면 둘이 영락없이 닮았다는 생각을 하게 된다. 낙천적이고 머리가 좋은 럭키 역시 새로 주인이 된 옆집 친구와 꼭 닮았다. 식성은 물론 성격도 같고, 잠자는 버릇도 닮았다. 또또도 그랬다. 아직 공식적으로 나의 반려견이 되지도 않았을 때부터 또또는 여러 가지가 나와 비슷했다. 미끈하고 긴 다리를 갖지 못한 것도 우리의 공통점이었고, 겁이 많되 결코 복종하지 않는 태도도 우리의 공통점이었다. 우리는 식성도 비슷했다.

얼마 전 한 후배 시인이 쓴 채식주의자에 관한 글을 읽고 나는 조금 놀랐다. 그는 채식주의자들이 갖는 정신적 우월감에 대한 거부감을 글로 말했다. 그런데 나는 음식을 가려 먹는 것이 결점이지 자랑거리는 아니라고 생각했기 때문에 '채식주의자들의 우월감'이란 그때껏 상상하지도 못했다. 어려서부터 가족들로부터 "소처럼 풀만 먹어 댄다"고 하는 소리를 수없이 들었던 내가 육식을 좋아하지 않는다는 사실을 남들이 알지 못하게 하려고 애쓴 것도 그 때문이었다. 나는 고집스런 편식이 부끄러운 거라고 생각했고, 동물을 사랑하되 음식은 별도로 건강한 식생활을 하는 사람들을 진정한 성인이라 여겼다. 지금도 혼자 두면 1년 내내 육식을 할 리 없는 내 입에다 가족들이 바짝(!) 익힌 고기를 강제로 밀어 넣는 것으로 봐서 여전히 나는 균형 잡힌 식생활을 하지 못한다. 그런 내 곁엔 이상하게도 야채를 좋아하는 개 또또가 있었다.

수의사 말대로 3년밖에 살지 못할 줄 알았던 또또가 점점 건강해져 20년은 너끈히 살 수도 있다고 생각되던 때도 있었다. 또또는 건강하지 않은 반면 다른 개에 비해 노화가 느렸다. 그래서 예상 밖으로 오래 살 수 있을 뿐 아니라 기네스북에 오를지도 모른다고 생각되던 또또가 죽은 원인은 한 번도 새끼를 낳지 못한 개의 자궁에 쉽게 나타나는 병 때문이었다.

또또를 보내고 나서 친구들과 만나 차를 마실 때 한 철학자가 말했다. 또또의 큰 문제는 본능을 억제한 데 있었다고. 그는 또한 내가 또또에 관한 글을 쓰게 되면, 반드시 그 점을 언급해야 한다고 주장했다. 옆에서 듣고 있던 글쟁이 친구도 동의했다.

"다른 건 몰라도 중성화수술을 했으면 좀 더 유순해졌을 것 같긴 하네."

그들의 말을 듣고 보니 또또에게 중성화수술을 시키지 않고 본능적 욕구를 무작정 견디게 한 것은 정말로 잔인했다는 생각이 들었다. 누구보다도 또또를 잘 알고 있던 수의사도 내게 중성화수술을 권한 적이 없었다. 그 생각에 이르렀을 때, 중성화시킬 수 있는 적정 시기에 또또는 마취가 잘되지 않았음을 나는 기억해 냈다. 속 깊은 수의사는 또또의 상태를 고려해 이것저것 생각한 끝에 아예 그 문제를 언급하지도 않았던 것일까? 그래서 내겐 그 수술을 해야 할지 말아야 할지 고민할 기회조차 없었고, 또또는 죽을 때까지 그 강한 욕구를 억누르느라 더욱 악화되었던 것일까?

거리감이 사라질 때

하루는 밤늦게 들어오던 주인집 아저씨와 마당에서 마주쳤다. 대문 밖에서 흘러 들어오는 가로등 불빛에 눈이 반짝이는 그는 평소보다 더 선량해 보였다.

"개 얼어죽지 않았어요?"

앞뒤 없는 말을 나는 이해하지 못했다. 그날 나는 하루 종일 또또를 보지 못했다. 설명을 듣고 나서야 그가 새벽에 또또를 씻긴 뒤 스스로 털을 털어 말리라며 마당에 내버려 두고 갔음을 알았다. 우리 집 부엌의 물에도 살얼음이 낀 추운 날, 찬물에 씻은 개를 마당에 두고 갔다는 말에 나는 놀랐다. 개는 감기에 약하기 때문에 감기에 걸리면 죽을 수도 있는 동물이다. 가끔 집 안에 들여놓고 귀여워하기도 하는 그의 고르지 않는 심성이 이해되지 않았지만, 또또는 그의 개라 나는 속마음을 드러내지 않았다. 다음 날 마당에서 비실대는 또또를 봤을 때는 살아 있다는 안도감보다는 '너 때문에 내가 이사도 못 가겠구나' 하는 생각으로 가슴이 답답했다.

그 다음에 또또를 씻길 때 나는 창문을 통해 내다보았다. 또또를 씻기는 데 드는 물은 딱 두 대야였다. 비누칠을 하는 김이 오르는 물 한 대야와 털을 흔들어 헹구는 찬물 한 대야. 그 두 대야에 담긴 뒤 스스로 털을 말리는 것으로 또또의 목욕은 끝났다. 그러던 어느 날부터 목욕을 시킬 때 아저씨는 고무장갑을 끼고 있었다. 한겨울 찬물 목욕을 겁낸 또또가 씻지 않으려 버둥대다 그의 손을 물기 때문이었다. 몇 번의 찬물 목욕과 그로 인한 소동으로 녀석은 죽을 때까지 씻는 공포를 없애지 못했다.

또또가 되도록 안 맞게 하려고 대신 씻겨 주던 나도 또또에게 물렸다. 물리지 않고 녀석을 씻기기 위해서는 목을 꽉 잡아 주는 다른 한 사람이 반드시 필요했다. 씻길 때마다 미치광이처럼 날뛰는 녀석이 조용히 있을 때를 특히 조심해야 했다. 녀석이 사람의 손아귀를 벗어나기 위해 힘조절을 하고 있는 위험천만한 순간이기 때문이다. 또또가 얼마나 절묘하게 타이밍을 잡아 사람의 손아귀를 벗어나는지는 녀석의 목을 잡아 본 사람은 알았다. 목을 잡아 주는 사람의 집중력이 녀석보다 뛰어나 결코 그의 손아귀를 벗어나지 못할 때도 무섭기는 마찬가지였다. 뾰족한 녀석의 주둥이가 분노와 공포로 뭉쳐지며 동그란 공처럼 변하는 것도 신기했지만, 녀석이 입으로 뿜어내는 이상한 냄새가 엄청났기 때문이다. 씻는 행위에 대한 공포감으로 미쳐 날뛰는 녀석의 입에선 동물이 엄청난 스트레스를 받을 때 생성되는 독한 화학물질 냄새가 진동했다. 그런 녀석을 안 씻길 수도 없었다. 녀석이 우리 집에 들어와 지내는 시간이 점점 늘고 있었고, 씻는 것을 그처럼 무서워하면서도 녀석은 제 몸이 더러운 것을 견디지 못했다. 만일 또또가 사람으로 태어났다면 씻고 닦으며 한평생을 보냈을 별난 체실이었을 것이다.

녀석이 완전히 우리 집으로 들어와 살게 된 시점이 있었다. 가까스로 유지하고 있던 녀석과의 거리감이 허물어져 버린 그 순간은, 주인집에서 개장수만 오면 녀석을 팔아 버리려고 벼르던 때였다. 그것도 모르고 녀석은 계속해서 아저씨를 물었고, 여러 번 개를 길러도 한 번도 개에게 물린 적이 없던 그는 개장수가 나타나기를 학수고대했다. 아주머니는 아예 개를 싫어하는 사람이라 또또의 운명은 그야말로 풍전등화였다. 서울 시내 한복판에 있는 주택가이지만, 90년대인 그때 자주 개장수가 나타났다. 개장수는 입에 물고 있는 가래가 자글자글 끓는 것 같은 잡음이 섞인 탁한 목소리로 개를 팔라며 외치고 다녔다. 주인집 부부가 새벽에 집을 나가 밤에 돌아오지 않았다면 또또는 사흘도 못 가 철망에 갇혀 사라져 버렸을 것이다.

IMF가 왔을 때 일정한 수입이 없던 나는 다른 사람에 비해 경제공황을 덜 느끼며 그 시기를 살았다. 원고료를 꽤 떼이긴 했지만 '이래도 적자 저래도 적자' 하며 쓰임새의 고삐가 풀리고 있던 내게 그런 일은 사건 축에도 속하지 않았다. 그땐 나뿐 아니라 가난한 문인들이 다 그렇게 살았을 것이다. 우리 사회로부터 받은 것이 없으니 잃을 것도 없었다고나 할까. 그렇지만 들리는 뉴스는 하나같이 흉흉했고 사람들의 얼굴엔 생기가 없었다. 나를 따라 밖으로 나갔던 또또도 남자들의 갑작스런 발길에 차였고, 누가 등에 뱉은 누런 가래를 떼어 내려고 길가에 주저앉았다. 또또의 경계심은 나날이 더해졌다. 나 역시 갑자기 날아오는 남자들의 발길로부터 또또를 지키기 위해 집중해야 했다. 그나마 개를 기르는 사람들이 작은 위안이 되었다. 그들은 흔들리는 또또의 눈빛만 보고도 심각한 문제가 있음을 알아차렸다.

"이 개, 왜 이렇게 됐어요?"

"눈빛이…."

"왜 이렇게 겁에 질려 있어요?"

"어디가 아픈 거죠?"

라고 묻는 사람들이 관찰력이 뛰어났기 때문이 아니었다. 그들은 그냥 동물을 사랑하는 평범한 사람들이었다. 그들만은 우리에게 공격적일 리 없었고, 또또의 이름을 묻기도 했다. 이름을 가르쳐 주면 또또가 무슨 뜻이냐고 묻는 사람들도 있었다.

"글쎄요. 애가 말을 잘 듣지 않아서… 또 그런다 또 그런다 하다 아예 또또가 되어 버린 것 같아요."

또또는 심하다 싶을 정도로 남자를 무서워했다. 신호등 앞에서 사람들이 길을 건너가는 것을 보고 자신이 건너가야 할 때임을 알아차리고, 차도에 뛰어드는 법이 없고, 문의 특성까지 알아 출입문에 끼는 일이라곤 없는 녀석이 어느 날 경복궁역 근처에서 패닉이 되었다. 말쑥하게 양복을 입은 건강해 보이는 남자와 마주쳤을 때였다. 군살이라곤 없는 그 남자를 보고 혼비백산해 달아나던 또또 앞에 그와 똑같은 분위기를 풍기는 다른 남자가 또 나타났다. 또또는 더 놀랐고, 정신없이 달아나다 또 한 번 비슷한 유형의 남자와 맞닥뜨렸다. 겁에 질려 걸음걸이마저 흐트러진 또또는 아예 차도로 뛰어들었다. 한 번도 없었던 일이라 넓은 차도를 달리고 있는 또또를 보자 나는 머릿속이 하얘졌다. 허둥대던 나도 또또를 살리기 위해 차도로 뛰어들었다. 그렇게 뛰어갈 때 그 길에 차가 하나도 다니지 않아 이상하다는 생각이 들었다. 중앙선을 넘어가 패닉이 된 또또를 잡아 안자 녀석의 심장이 터져 버릴 것처럼 뛰고 있었다. 내가 녀석을 안고 걸어나온 길로 곧 청와대로 향하는 대단한 차량들이 지나갔다. 또또가 그토록 무서워했던 남자들은 청와대 소속 경호원들이었다.

같은 어려움을 겪어도 무딘 사람은 적당히 팔자타령이나 하며 넘어갈 수 있는 일에 어떤 사람은 일생을 망쳐 버릴 정도로 충격을 받는다. 어떤 사람에겐 적당한 자극이 되는 비하의 말이 어떤 사람에겐 인간 전체에 대한 불신을 갖게 하기도 한다. 또또는 내가 봤던 그런 유형의 사람만큼이나 과민했지만 그로 인한 파장이 다른 곳을 향하지는 않았다. 공포로 머릿속이 뒤엉켜 버렸지만 고작 자신을 지키려 방어할 뿐이었다. 나는 지금껏 정신 질환이 있는 사람을 여럿 봤는데, 그들은 늘 도움을 받았던 사람을 향해 손톱을 세웠다. 큰 부담감을 뒤로 하고 도와줄 수밖에 없도록 적극적으로 도움을 청했던 자신의 행동은 다 잊고, 그들은 떠나지 않고 있는 사람들을 분노의 과녁으로 삼았다.

불행하게도 내게도 그런 성향이 어느 정도 잠재되어 있음을 알고 있다. 그런 나의 공격성은 언제나 다른 사람의 육체가 아닌 상처가 가장 오래가는 의식을 겨눈다. 그로 인해 이따금 통탄의 반성문을 쓰곤 하지만, 그 같은 일은 어느 순간 다시 되풀이되곤 한다.

달라진 환경

또또가 죽은 뒤에나 그 개량한옥에서 이사할 생각이었는데, 어느 날 갑자기 집을 비워 달라는 말을 들었다. 부모로부터 분가해 혼자 살았던 경험에 비추어 보면 이사는 내게 무엇보다 신중해야 할 일이었다. 그런데다 경제력이 없는 내게 이사를 한다는 것은 쉬운 일도 아니었다. 그리고 무엇보다도 또또를 두고 갈 수도 없었다. 또또를 두고 이사를 하면 나는 평생 마음이 아플 것 같았고, 또또를 데리고 이사를 하기에도 뭔가가 개운하지 않았다. 주인은 마음에 드는 곳을 골라 천천히 이사하라며 충분한 시간을 주겠다고 했지만, 어차피 떠나야 할 바엔 시간을 끌고 싶지도 않아 나는 집을 비워 달라는 말을 듣자마자 부동산 중개소를 찾아갔다.

집을 보러 다닐 때는 또또와 같이 갔다. 또또는 복잡한 내 마음을 아는지 모르는지 여전히 내 앞에서 예쁘게 걸었다. 그동안 꾸준히 전셋값이 올라 과연 내가 가진 돈으로 살 만한 집을 구할 수 있을지도 걱정이었다. 그때 나를 데리고 다니며 몇 군데 집을 보여주던 부동산 중개인이 "혹시…" 하며 운을 뗐다.

"혹시… 한옥에 살 생각은 없어요?"

한옥을 좋아하지만, 제대로 된 한옥만 머릿속에 있던 가진 것 없는 나의 반응은 시큰둥했다. 여자 혼자 한옥에 사는 것도 위험하게 생각되었다. 그런 한편 또또와 같이 살 수도 있다는 가정을 하며 물어보았다.

"전세가 아주 비쌀 것 같은데요?"

"안 비싸요. 아주 싸요. 지금 사는 집보다 비싸지 않은 걸요."

그녀는 또또를 만난 집을 중개한 사람이라 내 형편을 잘 알고 있었다.

"독채가 아닌가 보죠? 여러 세대가 사는 건…."

"독채예요! 아주 쬐그만 집인 걸요."

"그래도 세가 비쌀 것 같은데…."

"열네 평도 안 되는 집인데 거저나 다름없어요. 근데 집이 아주 낡았어요."

대지가 열네 평도 안 되는 땅에다 지은 집이 있다는 사실이 믿어지지 않았다. 그러면서도 그렇게 작은 집은 생김새가 어떤지 궁금해 한번 보고 싶은 마음도 들었다.

그녀를 따라 대문 안으로 들어섰을 때 나는 꽤 놀랐다. 방 두 개와 거실로 쓸 수 있는 공간과 부엌, 화장실과 창고까지 있는 버젓한 집이었던 것이다. 팔작지붕을 떠받치고 있는 목재도 고급으로 보였고, 마당도 넓어 보였다. 거기에다 부엌 위에 얹힌 다락도 넓어 어릴 때 다락에 올라가 놀던 추억도 되살아났다. 다락까지 있기 때문인지 그 집에서는 4대가 함께 산 적도 있다고 했다. 집은 낡았지만 창문을 열면 인왕산이 보이고, 차가 들어오기 힘든 골목이라 조용한 환경도 마음에 들었다. 문제는 그 집에 살기 위해서는 내가 수리를 해야 한다는 점이었다. 시세에 비해 전세금이 무척 싼 대신 세입자가 알아서 수리해 살아야 한다는 조건이 있는 집이었던 것이다. 오래 생각할 것도 없었다. 내가 그 집에서 또또를 떠나 보내는 데 필요한 기간만 살아도 수리비는 빠지고도 남았다. 나는 그 자리에서 이사를 결정했다.

또또의 말년이 되어서야 깨달은 사실인데, 나는 녀석으로 인해 큰 경제적 이득을 보았다. 이사할 집을 보러 다닐 때 또또가 없다는 가정 아래 옮길 수 있는 집은 내 형편엔 엄두도 낼 수 없을 만큼 전세 가격이 높았다. 전세보증금이 적은 집으로 이사하기 위해서는 최소한 30~40만 원의 월세를 내야만 했다. 그런데 또또를 데리고 이사할 결심을 하는 바람에 가지고 있던 돈으로 이 집으로 이사 올 수 있었다. 내가 만일 또또를 버려두고 다른 집으로 이사했다면 그동안 여러 차례 전세난을 겪어야만 했을 것이다. 그리고 매달 30만 원의 월세만 냈어도 어림잡아 5천만 원이 사라져 버렸을 것이다. 그것은 또또에게 지출했던 돈과 이 집 수리비를 더한 것의 다섯 배가 넘는 큰 금액이다.

한옥은 수리하려고 건드리는 순간 끝없이 돈이 들어간다고 하더니, 틀린 말이 아니었다. 전공을 불러 집 곳곳에 새둥지처럼 뭉쳐 있는 위험한 전선을 정리한 뒤 알맞은 곳에다 새 전등을 다는 간단한 공사를 하는 데만도 하루가 꼬박 걸렸다. 그때까지 부엌에 있던 연탄 아궁이를 깨내고 하수도관을 묻은 다음 타일을 바르는 일도 쉽지 않았다. 워낙 오래된 흙집이라 점성이 없는 벽에 시멘트를 개어 바르면 곧바로 흘러내렸기 때문에 인부는 일하다 말고 벌컥벌컥 화를 냈다. 결국 벽에 붙이려고 사 놓았던 타일은 쓰지도 못했다. 페인트칠을 하러 온 사람은 마른 뒤 다시 덧발라야 한다며 사흘을 끌었고, 울퉁불퉁한 방바닥을 다시 다져 보일러 배관을 놓는 일에도 비용이 많이 들었다. 결국 계획보다 네 배를 지출한 다음에야 살 수 있을 만큼 집이 정리되었다. 다행스럽게도 나로서는 처음 경험하는 그 일이 못 견딜 정도로 힘들지 않았다. 내가 사람의 삶을 들여다보며 글을 쓰는 사람이기 때문인지 나의 노동력까지 보태야 했던 그 일이 가끔은 재미있게 느껴지기도 했다.

집이 수리되는 것을 보러 갈 때마다 또또를 데리고 갔다. 또또는 내게 뭔가 변화가 생겼음을 알아차려 그 무렵엔 내게서 도무지 눈을 떼지 않았다. 나의 작은 한숨소리에도 자다가 고개를 들었고, 조금만 움직여도 눈길로 나를 따라잡았다. 그러다가 내가 집을 나가면 얼른 따라 나섰다.

집을 수리하는 데 꼬박 한 달이 걸렸다. 막 새천년이 시작된 2000

년, 봄이 채 오지 않은 겨울의 끝자락, 지금 살고 있는 한옥으로 또또를 데리고 이사했다. 서른 살을 막 넘겨 사직동에 왔던 내 나이도 어느덧 마흔이 되어 있었다. 이사하던 날, 평소처럼 주인집에는 아무도 없었다. 또또를 데리고 이사하면서 눈치를 보지 않아도 되어 다행이었다. 또또를 데리고 이사 가겠다는 말에 그들이 "절대 안 돼요!"라고 말하는 것을 당해 낼 용기는 없었지만, 나중에 나를 찾아와서 "또또를 내놓으세요!" 하는 말에는 맞설 자신이 있었다. 하지만 나는 그들이 또또를 달라고 할 리 없다고 확신하고 있었다.

직선으로 백 미터 남짓한 거리에 있는 집으로 이사하는 것이었지만, 여느 이사와 다를 것이 없었다. 이삿짐을 트럭에 다 싣고 나서 불안한 눈길로 나를 보고 있는 또또를 품에 안았다. 한순간도 내게서 눈을 떼지 않고 있던 또또가 내 품에 안긴 뒤 안도의 한숨을 폭 내쉬었다.

이삿짐을 들여놓으면서 이 한옥이 얼마나 작은지 실감했다. 개량한옥에 살 때는 4인용 식탁을 놓고도 제법 남는 실내 공간이 있었는데, 이 집에는 식탁과 서랍장을 들여놓을 공간이 없었다. 개량한옥에 비해 꽤 좁다는 것을 전세계약서를 쓴 다음 안 나는 이사하기 전에 가장 먼저 침대를 없애 버리기로 했다. 침대 틀이 차지하는 공간이라도 확보하기 위해 1인용 매트리스 크기로 평상을 짜 그 위에다 요를 깔고 잘 생각까진 했지만, 그처럼 큰 공간 차이가 있을 거라고는 짐작도 못했다. 그런데다 좁은 집에 이사하던 날부터 들이닥친 친구들도 있었다. 또또는 자리를 잡지 못해 무척 불안해 보였다.

주인집에 말도 하지 않고 또또를 데리고 이사할 때 복잡 미묘해 보이던 녀석의 표정을 생각하면 아직도 가슴이 아릿하다. 개는 자신의 주인을 죽을 때까지 섬긴다고 한다. 언젠가 주인에게 천덕꾸러기로 사는 개가 불쌍해서 잘 기를 수 있는 다른 주인을 찾아 주려고 한 적이 두 번 있었다. 너무도 지쳐 있는 그 개들을 맡아 줄 사람도 찾았지만 녀석들은 끝까지 살던 집을 떠나려 하지 않았다. 결국 한 녀석은 비참하게 죽어 커다란 쓰레기 봉투에 담겨 사라졌다. 내가 이삿짐을 쌀 때 또또는 살던 집에 혼자 남을까 봐 초조해했고, 안고 이사 와 버리자 이번엔 주인을 생각하며 너무도 복잡한 표정을 짓고 있었다.

또또의 첫 주인이었던 부부가 가루비누를 사 들고 우리 집을 한 번 다녀간 뒤 녀석은 조금씩 편해지기 시작했다. 그들이 왔을 때 또또는 우왕좌왕하느라 얼른 달려나가지 못했다. 그들이 돌아간 뒤에야 한숨을 푹 내쉬며 허리를 길게 펴고 바닥에 엎드렸다.

새로 이사한 집이 내 마음엔 들었지만 또또는 인간인 나보다 적응하는 데 어려워 보였다. 특히 우리 집에 몰려오는 사람들 때문에 또또는 많이 힘들어 보였다. 주인과 같은 대문 안에 살던 개량한옥이 아닌 나 혼자 살게 된 한옥에 몰려온 사람들은 밤을 새워 놀다 가는 날이 많았다. 하루 종일 거의 비어 있는 집에서 나와 둘이서만 지내며 정적에 길들어 있던 또또였다. 그 집에선 가끔 울리던 전화벨 소리와, 이따금 찾아오는 친구들과의 대화만 있었다. 이젠 또또의 청각이 혹사당하는 시간들이 계속되었다. 게다가 내 친구들은 거의 골초라서 그들이 밤새 놀고 간 다음 날 청소를 하다 보면 빈 담뱃갑이 무려 아홉 개가 될 때도 있었다. 또또는 이미 있던 병에다 폐병까지 앓게 되었다.

여린 숨을 가쁘게 쉬며 축 늘어진 또또를 안고 동물병원에 갔던 나는 녀석이 그처럼 아픈 것이 담배연기 때문임을 알았다. 그날 나는 처음으로 또또의 배 속을 들여다봤는데 너무도 낯설었다. 나와 잘 소통되고 있어 녀석의 배 속도 사람과 비슷할 거라고 생각했던 것일까. 유난히 커다란 염통이 자리 잡고 있는 녀석의 배 속은 인간의 배 속과 확연히 달랐다. 대장과 소장이 사각 집을 짓고 있는 인간과 달리 또또 배 속엔 따로 나눌 수도 없는 꼬불꼬불한 창자만이 보였다.

수의사의 손끝을 따라가며 자세히 봐도 형체가 분간되지 않을 만큼 병든 녀석의 폐를 보게 될 줄이야. 그 뒤부터 나는 우리 집에 오는 사람들에게 실내에선 담배를 못 피우게 했지만, 어림없었다. 흡연이 마치 샘솟는 창작 행위의 원천인 듯 담배를 피워 대는 그들은 우리 집에서 흡연선언문이라도 낭독할 기세였다. 방문만 열면 바로 마당이지만, 아무도 개를 위해 밖에 나가 담배를 피우지 않았다. 그나마 타생명에게 온정적인 한 친구가 그렇게 하려고 한두 번 애쓰다 말았다.

내 걱정을 안 가족 중 한 사람이 또또가 편안하게 지내기 위해선 또또만의 공간이 필요하다고 했다. 그래서 나는 시중에 파는 플라스틱 개집이 아닌 커다란 원목 개집을 특별히 주문했다. 추운 겨울을 제외한 세 계절만이라도 또또가 개집이 있는 마당에서 독립적으로 지내면 소음과 담배연기로부터 안전할 것 같았다. 내 뜻을 잘 받아들여 지은 개집은 정말 크고 근사했다. 몸집만 작으면 나라도 들어가 책을 읽고 글을 쓰고 싶었을 정도로…. 결론을 말하면 또또는 그 집에 제 발로 한 번도 들어가지 않았다. 한 달쯤 지나 기다림에 지쳐 강제로 밀어넣었더니 녀석은 엉덩이도 바닥에 내려놓지 않고 마냥 서 있었다. 애물단지가 된 그 개집은 얼마 뒤 트럭에 실려 다른 곳으로 옮겨졌다.

또또에게 치명적인 담배연기 때문에 나는 되도록 사람들을 밖에서 만나기 시작했다. 또또는 다시 혼자 있는 시간이 많아졌다. 동안거나 하안거에 들어간 스님처럼 전화선을 뽑아 버리고 내가 몇 달씩 칩거하는 기간도 많아졌다. 시인에게 사회성이 꼭 필요한 것은 아니지만, 나는 점점 사회성이 없는 사람이 되어 가고 있었다.

절대적 시간

 공간이 편해지는 데도 절대적인 시간이 필요함을 사직동에서 세 번째로 살게 된 이 집에서 알았다. 장남감처럼 작지만, 조용하고 아늑한 이 집에서 살며 깨달은 것은 그 밖에도 많지만….

 청각이 예민한 또또를 믿고 한옥으로 이사한 뒤 나는 자주 이상한 꿈을 꾸곤 했다. 평소에 귀신에 대한 생각을 구체적으로 한 적도 없는데, 이상하게도 귀신이 나타나는 꿈을 자주 꾸곤 했다. 엄청나게 많은 귀신들이 내가 자고 있는 방에서 휙휙 날아다니며 소란을 떠는 꿈을 꾼 적도 있다. 그들의 움직임이 얼마나 생생했던지 휙휙 날다 옷자락이 내 몸에 닿는 감촉까지 느껴졌다. 그때 나는 '이렇게 생생한데, 설마 이것이 꿈일까?' 하며 자다가 눈을 떴다. 그러자 놀랍게도 창틀에 앉아 있는 귀신이 여럿 보였다. 천장에도 귀신들이 주렁주렁 매달려 있었다. 달빛이 훤히 비치고 있는 내 방에서 그들은 정말로 벌 떼처럼 바글대고 있었다. 개들에겐 귀신을 알아보는 눈이 있다는 말을 들은 적이 있어 나는 자고 있는 또또를 내려다봤다. 희한하게도 또또를 내리누르고 있는 귀신들도 바글바글했다. 그들은 마치 우리가 있는 방에서 축제를 하고 있는 듯했다. 온몸을 감은 하얀 천을 주렁주렁 늘어뜨린 채 휙휙 날며 귀신들은 그야말로 맹활약 중이었다. 불을 켜기 위해 허우적대던 손에 닿은 스탠드가 떨어져 방바닥에 뒹군 뒤 나는 죽을힘을 다해 몸을 일으켜 방바닥을 딛고 섰다. 그러곤 후들후들 떨리는 걸음을 옮겨 전기 스위치를 찾아 불을 켰다. 그러자 거짓말처럼 그 방의 소동이 사라지며 내가 잠들기 전의 상태로 돌아갔다. 달라진 것이라곤 갓이 분리된 채 방바닥에 뒹굴고 있는 스탠드뿐이었다. 꿈이라고 하기엔 너무도 생생했고, 꿈이라서 다행이라고 하기엔 나의 정신 상태가 의심스러울 정도로 머릿속이 휑했다.

방바닥에 털썩 주저앉은 내게 얼굴을 갖다 대는 또또를 쓰다듬으며 곰곰이 생각해 보니, 만일 귀신이 있다면 그것은 최소한 귀신들이 운집하는 꿈은 아니라는 확신이 들었다. 그것은 왠지 귀신들이 떠나가기 위해 대대적으로 행하는 의식처럼 느껴졌다. 그렇게 믿었기 때문일까. 그 뒤 다시는 그런 꿈을 꾸지 않았다. 그렇지만 너무도 인상적인 꿈이라 알고 지내는 스님을 만났을 때 나는 그 이야기를 꺼냈다. 나는 섣불리 꿈을 해몽하지 않았지만 그도 비슷하게 해몽해 나를 안심시켰다.

그 꿈을 꾼 뒤 새로 이사 온 내게 관심을 보이는 앞집 아주머니에게 우리 집에 어떤 사람들이 살았는지 물어본 적이 있다. 그녀는 화단을 예쁘게 가꾸며 이 골목에서 오래도록 산 사람이라 우리 집의 내력도 잘 알 거라 생각했지만, 뭔가 사건이 있었다는 건지 없었다는 건지 종잡을 수 없어 선문답을 한 것 같은 기분만 들게 했다. 지은 지 오래된 집에선 별별 일이 다 있었을 수도 있다고 생각하는 것으로 나는 그 문제를 머릿속에서 밀어냈다.

우리가 이사한 뒤 또또의 첫 주인 부부는 하던 일을 그만뒀다. 한동안 쉬고 있는 그들과 나는 같은 집에서 살 때보다 더 자주 마주쳤다. 절대로 집이나 골목에서 배설을 하지 않는 깔끔한 또또를 데리고 하루에 두 번 하루도 빠짐없이 산책을 하다 보면, 또또는 꽤 멀리서도 그들을 알아보고 걸음을 딱 멈췄다. 하지만 잠깐이었다. 곧 녀석은 배를 땅에 끌며 그들 앞으로 기어가 꼬리 치며 인사했다. 그것은 반기는 인사라기보다 겁먹은 인사였다. 그들을 모른 척하지 못하는 또또는 측은했다. 또또의 인사를 받는 그들도 기분이 좋을 리 없었다. 내가 왜 또또를 데리고 가 버렸는지 짐작하고 있을 그들의 표정도 또또만큼이나 밝지 않았다. 우리는 적당히 눈인사를 하거나 가볍게 머리를 숙이며 지나치면 가장 좋았다. 하지만 기어이 다가가 인사하는 또또를 그러지 말라고 교육시킬 수도 없었다. 그렇게 벌벌 떨며 기었던 녀석을 집에 돌아와 씻길 때 보면 배에는 긁힌 붉은 자국이 있었다.

"어쩜 둘이 이렇게 행복하게 사세요?"

그런 우리에게 위로가 되는 것은 모르는 사람들이 지나가다 툭툭 던지는 말이었다.

"날마다 너무 평화로워 보이는 거, 아시죠?"

"둘이서 걷는 걸 저만치서부터 보고 따라왔는데, 참 행복해 보여요!"

그 무렵 동물병원 수의사는 또또가 30퍼센트 이상 회복되었다고 말했다.

"또또 병은 쉽게 나을 수 있는 게 아닌데, 정말 대단하네요"라던 그의 말도 내게 힘이 되었다. 어쨌거나 나는 최소한 또또를 악화시키지는 않았다는 뜻이었으니.

또또는 중견이 되어 시력이 많이 약해져서도 첫 주인을 알아봤고, 그들이 멀리서 걸어가고 있는 것도 공기 중에 떠도는 냄새를 통해 금세 알았다. 그 냄새를 따라 인사하러 달려가는 녀석을 나는 몇 번이나 잡아채기도 했다. 그때서야 또또는 반드시 그들에게 달려가 아는 체하지 않아도 된다는 사실을 알아차린 것 같았다. 드디어 아직은 폭삭 늙지도 않은 또또가 "오래 사네…" 하고 있는 그들 앞에서 기지 않았을 뿐만 아니라 덤덤하게 되었다. 그들에게 먼저 등을 보인 또또가 기분 좋을 때만 걷는 특유의 걸음걸이로 앞서 가기도 했다. 두 뒷발을 삐딱하게 차는 듯 걷는 또또는 하나도 아파 보이지 않았다.

한옥인 이 집에 와서 또또도 많이 치유되었지만, 나도 내면이 많이 단단해졌다. 이사하기 전까지는 가여워 어쩔 수 없이 돌봐 주고 있던 또또에게 갖던 부담감도 거의 사라졌다. 비로소 나는 진심으로 또또를 좋아하게 되었다. 내 입에서는 "또또가 이젠 조금도 무겁게 느껴지지 않아"라는 말이 나오기도 했다. "우리 또또, 너무 착해!" "예쁜 또또!"라는 말로 쏟아져 나왔다. 하지만 수의사는 여전히 또또의 헝클어진 머릿속에 대해 낙관하지 못했다. 그의 말을 귓등으로 들을 수도 없었던 것은, 여전히 또또가 하루도 편히 잠을 자지 못했기 때문이다. 녀석은 자다가 비명을 지르며 펄쩍 뛰거나, 신음하고, 울부짖었다. 나는 그때마다 달려가 녀석을 깨워야만 했다. 그런 일이 하룻밤에 몇 번씩 되풀이되는 날도 있었다. 자려고 누우면 어둠 속에선 늘 고통에 겨워 헐떡거리는 또또의 숨소리가 들렸다. 공포로 번쩍 들렸던 녀석의 다리가 벌벌 떨며 방바닥에 닿을 때마다 탁탁탁 하는 발톱 소리도 났다. 그 소리가 밤새도록 이어지는 날도 있었다.

"또또야! 꿈이야! 너 또 꿈꾸는 거야!"

그러면 고통에 겨운 숨소리가 멎으며 자세를 바꾸는 녀석의 기척이 어둠 속에서 들렸다.

제대로 인사하는 법이 없는 럭키나, 먹을 것을 주기 때문에 꼬리를 치다 목적을 이루면 그만인 동네 여러 개들과는 달리 또또는 인사성이 한결같이 밝았다. 우리 집에 손님이 오면 또또는 달려 나가 반기며 얌전히 꼬리를 쳤다. 하지만 그걸로 다였다. 곧바로 녀석은 그들과의 거리를 유지하며 뚝 떨어져 있었다. 녀석이 제 발로 걸어 나와 우리가 둘러앉아 있는 탁자 밑에 들어가거나 눈에 띄는 곳에 자리를 잡고 앉을 때는 대체로 손님이 있는 시간이 길어질 때였다. 한참 지난 뒤에야 나는 그 행동이 "이제 그만들 가세요!" 하는 뜻임을 알았다. 일찍부터 그 행동의 의미를 알았다고 해도 달라질 것도 없었다. 개 때문에 분위기가 무르익은 자리를 끝낼 사람은 아무도 없었을 테니까.

그렇게 시간이 하염없이 길어지면 기초 체력이 없는 데다 머릿속에 문제가 있던 그 무렵의 또또는 곧 사람을 물어뜯을 것처럼 히스테릭한 상태가 되곤 했다. 순간적으로 통제력을 잃은 녀석이 겁만 줄 뿐 다른 사람을 물지는 않아 그나마 다행이었다. 하지만 날카로워진 녀석의 눈빛과 앙칼진 목소리에 사람들은 하나같이 겁을 먹었다. 그래서 수의사도 놀랄 만큼 호전된 또또를 안락사시켜야 한다고 주장하는 친구들도 여전히 있었다. 한 친구는 돈을 걷어 또또를 안락사시키자며 정말로 사람들을 선동하기까지 했다. 그녀는 오랫동안 우리 집을 제 집처럼 드나들었지만, 너무도 나를 모르고 있었다. 만일 내가 또또를 안락사시킬 수 있는 유형의 사람이었다면, 나는 처음부터 또또를 맡아 키우지도 않았다. 또또는 다른 사람이 절대로 키울 수 없는 불쌍한 개였기 때문에 어쩔 수 없이 내가 데리고 같이 살았던 것이다. 그리고 개를 안락사시키기 위해서는 그것이 합법적인 나라를 찾아 국경을 넘을 필요도 없었다. 다시 말해 개의 안락사는 푼돈으로도 가능했다.

우리 집에는 개성이 강한 사람들이 많이 왔다. 나를 만나러 오는 사람이 자석처럼 붙어 온 사람 중에도 기인이 많았다. 그들은 하나같이 나와 또또가 나가떨어질 정도로 엉덩이가 무거웠다. 주인의 인심을 과장되게 칭찬하며 돌아갈 생각을 않는 그들은 늘 여럿이라 나로서는 속수무책이었다. 우리 집에 영화판 사람이 온 적도 몇 번 있었다. 그들은 더 질겼고, 더 눈치가 없었다. 그들에 비해 내가 봤던 기인급에 속하는 문인들은 수양이 잘된 선비라 할 만했다. 결국 그때도 한계점을 넘긴 또또가 뛰어나와 이빨을 드러내고 짖어 댔다. 나는 한눈에 녀석이 왜 그러는지 알았다. "그만 좀 가세요!"라고 외치는 또또 때문에 늙은 소의 다리 힘줄 같은 그들도 몸을 일으킬 수밖에 없었다.

한번은 한 화가가 근처 광화문에 왔다가 연락도 없이 들이닥쳤다. 그녀의 그림을 나는 좋아하지만, 내 삶을 꾸리기에도 벅찬 형편이라 살 수 있는 처지는 아니었다. 판매를 염두에 두고 그림을 그리지 않는 신짜 화가인 그녀의 그림은 가정집에 걸 정도로 서정적이지도 않았다. 그녀도 나만큼이나 가난하게 살아갈 수밖에 없었다. 곧바로 갈 줄 알았던 그녀는 자신의 힘든 삶을 이야기하는 맛에 취해 늦도록 갈 생각을 하지 않았다.

"시인들은 딸랑 모나미 볼펜 한 자루로 몇 백 만원을 벌지만, 나는 온갖 좋은 재료를 써서 그림을 그려도 고독만이 내 몫이야. 이젠 정말 굶어죽게 생겼어요."

나는 어떤 시인도 모나미 볼펜 한 자루로 몇 백 만원을 벌 수 없음을 알았지만, 듣고만 있었다.

그녀가 파리에서 살 때 무슨 문제든 해결할 수 있는 온갖 연장이 든 커다란 가방을 메고 기개 넘치게 도시를 활보하더라는 말을 나는 여러 번 들었다. 그때마다 눈 덮인 알프스도 걸어서 넘을 기세로 씩씩하고 살고 있을 그녀가 눈에 보이는 듯했다. 그 바람에 독신이었으나 연애 한 번 할 기회도 없었다는 그녀는 훤칠한 키에 귀여운 데가 많은 매력적인 외모이다. 넉넉하지 않은 살림살이가 화가로서의 삶과 여자로서의 삶에 걸림돌이 되고 있어 볼 때마다 안타까울 뿐이었다.

자정이 넘자 드디어 또또가 앉아 있던 방에서 걸어 나왔다. 또또는 짜증이 다글다글한 얼굴로 화가를 뚫어져라 올려다보았다. 계속 무심한 척하던 그녀가 더 이상 버틸 수 없는지 웃으며 말했다.

"얘가 지금 나한테 그만 가라고 이러는 거죠?"

"글쎄, 아무래도 그런 것 같죠?"

곧 나와 또또는 골목 끝에서 쓸쓸해 보이는 그녀를 배웅했다.

뒤늦은 성장

 개는 생후 2개월이 되면 개구쟁이가 될지 온순한 개가 될지 성격이 결정된다고 한다. 품종에 따라 조금의 차이가 있을 수 있으나 강아지라 불리는 3개월이 지나면 성장이 늦어지고, 아무리 늦어도 1년 반 정도가 되면 성장이 완전히 멈춘다. 그런데 또또에게 이상한 일이 일어났다. 내가 개량한옥에서 산 것만도 4년 가까이 되고, 또또는 내가 이사 갔을 때 이미 실내에서 살고 있었는데, 한옥으로 이사 온 다음부터 빠른 속도로 자라고 있었다. 이론적으로 보면 또또의 성장은 말이 안 되는 일이었다. 녀석이 개량한옥에서 살 때보다 마음이 편해 살이 쪄서 몸무게가 느는 것도 아니었다. 등뼈가 눈에 띄게 쭉쭉 길어졌고, 머리는 물론 키까지 쑥쑥 자라고 있었다. 내가 늘 메고 다니던 배낭에 넣으면 머리를 밖으로 내밀 수도 없을 만큼 푹 내려가 있던 녀석이 점점 자라 머리 하나가 밖으로 빠져나와 느긋하게 사방을 둘러보고 있었다. 도무지 믿을 수 없는 성장 모습을 보고 모두들 신기해 했다.

다른 개에 비해 또또가 적게 먹는 것은 여전했지만, 몸무게도 늘어나 5킬로그램에 가까워졌다. 두 배 가까이 늘어난 몸무게였다. 그래서 또또를 데리고 어디를 가는 것이 힘들어졌다. 우리 가족은 여름철마다 모여 같이 여행을 하곤 했는데, 내가 또또를 데리고 다닌 뒤부터 또또 역시 우리 틈에 끼어 자동차의 한 자리를 차지하고 있었다. 녀석의 몸무게가 늘자 한여름에 녀석을 배낭에 넣어 메고 다니는 것이 더위에 약한 나로선 쉽지 않았다.

또또를 데리고 여행을 가는 것만으로도 두루 민폐라서 그 이상의 민폐가 없도록 나는 애썼다. 나는 또또를 넣은 배낭을 앞으로 메고 여행에 필요한 내 물건에다 또또에게 필요한 물건까지 챙겨 넣은 가방을 양손에 들고 여행의 출발지로 가서 다른 사람과 합류했다. 또또는 두 배로 자랐지만 배낭 속에 넣으면 알아서 머리를 숙이고 몸을 웅크렸다. 한여름에 작은 숨구멍만 내놓은 채 숨어 있어야 해도 또또는 불평하지 않았다. 서로 닿은 몸이 불덩이처럼 뜨거웠지만, 녀석은 나와 같이 있다는 사실만으로 그 무더위를 견뎌 냈다. 상상을 초월하는 인내심이었다. 자신이 머리를 밖으로 내미는 순간 내가 곤란해질 수도 있음을 알고 있는 녀석은 숨소리도 밖으로 새어 나오지 않도록 완벽하게 자신을 통제하고 있었다. 한 번도 낑낑대거나 고개를 내밀지 않는 개에겐 측은지심과 함께 말할 수 없는 신뢰감이 느껴졌다. 가끔 눈치를 봐서 머리를 밖으로 꺼내 주거나 지퍼를 내려 몸의 열기를 식혀 준 뒤 얼른 안으로 들어가라고 하면 녀석은 재깍 키를 낮추며 배낭 안으로 다시 몸을 감추었다. 그런 일이 거듭되자 보다 못한 형제들이 우리를 데리러 왔다. 그들에겐 또또를 볼 때마다 겹쳐 보이는 개가 있었다. 열 살 된 나를 길에서 혼절하게 했던 개, 마루였다.

또또는 사람이 의도를 갖고 자신을 때리는 것에 대한 공포감을 제외한 모든 종류의 고통에 강했다. 녀석은 정말이지 죽을 정도로 아파도 조용했다. 내부의 고통을 수용하는 녀석의 태도는 인간인 나도 본받고 싶을 정도였다.

어느 무더운 날, 큰언니의 차를 얻어 타고 갈 때였다. 엄청나게 무더운 날이었기 때문인지 그날따라 운전을 난폭하게 하는 사람들이 많았다. 신호도 없이 갑자기 앞으로 끼어드는 차들 때문에 여러 번 급정거를 했는데, 뒷자리에 있던 또또도 긴장해 발톱에 힘을 주고 의자를 꽉 잡고 앉아 있었다. 우리는 난폭 운전을 하는 운전자들을 보며 옛날에 있었던 '우 순경 사건'을 이야기했다. 경남 어느 지방에서 한 순경이 더위를 먹어 여러 사람을 총과 수류탄으로 죽인 끔찍한 사건이었다. 그날도 더위 먹은 운전자들이 많았는지 또 갑자기 끼어드는 차 때문에 우리 차가 다시 급정거를 하면서 또또가 발톱으로 잡고 있던 의자에서 튕겨 올랐다 바닥에 나동그라졌다. 녀석을 들어올렸을 때는 발톱에서 피가 흐르고 있었다. 하지만 또또는 자신이 얻어맞은 것이 아니라 사고를 당한 것임을 알고 있었다. 유순한 표정으로 피를 핥고 있는 발에선 반쯤 뽑힌 발톱이 흔들거리고 있었다. 그 발톱은 보름쯤 지나 빠졌고, 다시 돋은 발톱은 기형적일 만큼 작았다.

두고두고 생각할수록 도움을 준답시고 아플 때마다 또또를 병원에 데리고 다닌 것도 녀석을 악화시켰을 거라는 생각이 든다. 또또는 살아 있는 내내 내부의 통증이나 고통은 혼자 너끈히 삭이곤 했다. 또또가 죽을 때까지 무서워했던 것은 자신을 향해 다가오는 사람의 손이었다. 사람 손이 무서워서 또또는 죽을 무렵까지 나를 물었다. 증세가 심할 때는 비닐봉지가 제 눈높이에서 날아오르는 것만 봐도 비명을 지르며 얼어붙었다. 건강해 보이는 남자는 또또에게 너무도 무서운 존재였고, 특히 술 냄새를 풍기는 취한 사람은 경계 대상 1호였다.

나는 또또와 함께 사는 동안 수도 없이 스스로에게 질문했다.

'만일 내 눈앞의 개가 그처럼 공포감에 짓눌려 있지 않았다면?'

'그 개가 지금껏 내가 봐 왔던 어떤 개보다 나약하고, 그것이 극도의 예민함에 뿌리를 둔 본질과 닿아 있지 않았다면?'

대답은 늘 같았다. 그랬다면 나는 또또를 내 삶 안으로 절대 들여놓지 않았을 것이다.

어려서 길렀던 여러 마리의 개들과는 비교도 할 수 없을 만큼 또또는 정말로 같이 살기 힘든 개였다. 감정 변화가 느껴지는 표정부터가 달라 나는 언제나 녀석의 표정을 살펴보곤 했다. 어느새 나는 또또의 표정만 봐도 밤에 녀석이 어떻게 잘지 대충 알 수 있었다.

한번은 또또를 데리고 한 소설가의 집에 간 적이 있는데, 그곳엔 처음 보는 번역하는 친구가 먼저 와 있었다. 곧 여러 친구들이 모였고, 이야기가 한창 무르익을 때였다. 영 마뜩찮아 하는 얼굴빛으로 나와 자꾸 눈이 마주치는 번역하는 친구가 나는 점점 불편하게 느껴졌다. 그런데도 그녀의 눈빛은 계속 나를 향하고 있었다. 그녀는 곱고 조용한 모습이었는데, 나를 보는 눈빛만은 공격적이었다. 드디어 그녀가 나를 향해 입을 열었다.

"왜 개를 수유 자세로 안으세요?"

나는 깜짝 놀랐다. 정말로 나는 내려다보면 등이 보이도록 개를 안고 있지 않았다. 등을 허벅지에 닿게 하고 배를 위로 향하게 한 채 또또를 안고 있었다. 늘 또또를 관찰해야 했기 때문에 생긴 버릇이었는데, 처음부터 또또도 그 자세를 불편해 하지 않았다. 늘 나를 관찰하던 녀석에게도 그 자세가 편했던 것이다. 눈썰미가 있는 사람이 보면 단박 이상하다고 느끼는 그 자세로 안겨 있는 것을 또또는 가장 좋아했고, 자세를 바꾸려고 버둥댄 적도 없었다. 요가는 평소 안 쓰는 근육을 써서 몸을 단련시키는 운동이라는데, 어떻게 보면 또또는 날마다 내 품에서 요가를 한 셈이었다. 개를 안는 자세가 잘못되었음을 알고 얼른 바르게 고쳐 안으려고 했을 때 또또는 불안해 했다. 그래도 강제로 배가 아래로 가도록 해서 안고 있으면 녀석의 숨소리가 거칠어지며 몸을 뒤집으려고 버둥거렸다. 할 수 없다 싶어 다시 요가 자세를 만들어 주면 비로소 편안한 숨소리를 내며 녀석은 커다란 눈으로 나를 올려다봤다. 정말이지 평소 쓰지 않는 근육을 쓰며 그런 자세로 오랫동안 지냈기 때문에 의사도 3년밖에 살지 못할 거라던 또또가 17년 동안 살 수 있었던 것이 아닐까 하는 생각이 든다.

또또의 가출

나만 바라보며 살던 또또가 나를 버리고 가출을 했다. 그 무렵 나는 친구들과 어울려 노느라 밖에 나가 있는 시간이 많았다. 전화선을 빼 놓고 없는 듯이 지내지 않는 한 그 무렵 어울리던 친구들을 피할 재주가 내겐 없었다. 그들은 늘 차를 가지고 집 앞으로 와서 나를 태워 갔다. 집을 나설 때는 언제나 서너 시간만 있다가 돌아올 확고한 의지가 있었지만, 일단 나가면 내 뜻대로 되지 않았다. 가끔은 지나가는 길에 있는 언니 회사까지 그 차를 타고 가서 무엇인가를 전해 주기도 했다. 착실히 직장생활을 하던 언니가 자주 했던 말이 있다.

"너희들이 자유롭게 사는 모습, 참 부럽다."

그땐 경조사를 챙겨야 할 일도 많아 집을 비우는 시간은 날로 늘어났다. 정말이지 또또가 가출할 무렵엔 그런 일이 날마다 계속되고 있었다. 오래 밖에 있다 돌아와 보면 또또는 불쌍할 만큼 초췌한 얼굴로 나를 기다리고 있었다. 카메라를 설치해 놓지 않아 확신할 수는 없지만 피로에 찌들어 있는 녀석의 얼굴로 짐작건대 잠도 자지 않고 나를 기다렸을 것이다. 잤으면 다행이지만, 가수면 상태일 때 또또는 늘 가위에 눌리거나 악몽을 꿨기 때문에 그 시간들이 얼마나 힘들었을까.

어느 날 '이러다 또또 오줌보 터지겠네!' 하며 언덕을 뛰어 올라가 보니 또또의 얼굴에 짜증이 바글바글했다. 또또는 내가 문을 열자마자 마당으로 뛰어 나오더니 입을 실룩거리며 뭐라뭐라 중얼대기 시작했다. 처음 있는 일이었다. 그때까지 나는 개가 불만에 찬 표정으로 중얼대는 것을 본 적이 없었다. 평소 스트레스를 받으면 내던 앙칼지던 목소리와는 완전히 다른 낮고 쉰 듯한 목소리는 멈추지 않고 계속 흘러나왔다. 나를 힐끔힐끔 쳐다보며 중얼대고 있는 또또의 눈 아래 털은 눈물로 흠뻑 젖어 있었다. 그러기를 얼마쯤 했을까. 또또가 신경질적으로 대문을 긁으며 빨리 문을 열라고 나를 닦달했다. 나는 얼마나 소변이 마려웠으면 저럴까 싶어 얼른 문을 열어 줬다. 녀석은 대문을 나가려다 말고 나를 휙 돌아보더니 "왕!" 하며 짖었다. 눈물에 젖은 얼굴엔 씻기지 않는 원망이 담겨 있었다.

오줌을 누고 곧바로 올 줄 알았던 또또가 한참이 지나도록 들어오지 않았다. 가끔 "저만한 개가 약해 먹기 딱 좋아!"라고 하는 사람들이 있는 동네라 불길한 생각이 들어 달려 나가 찾았지만, 어디에도 없었다. 걱정에 사로잡힌 나는 온 동네를 샅샅이 찾아다녔다. 오래전 또또의 첫 주인이 녀석을 잃었을 때 내가 가서 찾아왔던 곳도 빠뜨리지 않고 가 보았다. 우리가 산책을 하던 곳도 다 뒤졌지만 녀석은 어디에도 없었다.

대여섯 시간이 지나도 녀석은 돌아오지 않았다. 나중에야 딱 한 군데를 빠뜨렸음을 깨닫고 개량한옥으로 한달음에 달려갔다. 내 생각이 맞았다. 또또는 차와 사람이 오가는 그 집 대문 앞에 청승맞게 앉아 있었다. 얼굴을 덮은 털은 물론 턱 아래 털까지 눈물로 흠뻑 젖은 또또가 기다린 것은 분명 그 집 사람들이 아니었다. 녀석은 울면서 나를 기다리고 있었다. 그 집에 사는 사람들은 모두 밤늦게 돌아오는데, 만일 그들이 눈앞에 나타났다면 또또는 아마도 혼비백산했을 것이다. 다행히 내가 그들보다 먼저 그곳에 갔고, 내 품에 안기며 또또는 긴장을 풀고 한숨을 내쉬었다.

녀석이 그런 행동을 한 것은 한 번이 아니었다. 그 일이 있고 난 뒤부터 나는 일찍 돌아올 자신이 없을 때면 또또를 이웃 친구에게 맡겨놓고 가곤 했다. 그런데 또 예상하지 못했던 일이 생겼다. 개들은 어떤 경우든 밖에서 돌아온 주인을 반기는 법인데, 녀석은 나를 보자마자 앙칼지게 짖기 시작했다. 옆눈으로만 나를 보느라 눈의 흰자위가 커졌고, 내가 가까이 가는 것도 눈을 맞추는 것도 원하지 않았다. 또또야, 라고 부르자 제 이름을 입에 담지도 말라는 듯 야단법석을 떨었다. 그러거나 말거나 안아서라도 데리고 오려고 다가가자 녀석은 비명을 지르며 침대 밑으로 달아나 버렸다. 나는 희한하게 구는 녀석을 버려두고 혼자 집으로 돌아올 수밖에 없었다.

녀석이 자는 친구를 깨운 뒤 앞세워 제 발로 걸어 집으로 돌아온 것은 다음 날 새벽 4시였다. 친구 말에 의하면 내가 간 뒤 '너가 없어도 나는 살 수 있어!' 하듯 잘 있던 개가 그 새벽에 집으로 가야겠다며 깨웠다고 한다. 그렇게 돌아온 또또는 마치 아무 일도 없었다는 듯 천연덕스럽게 제 방석으로 가 엎드리자마자 곯아떨어졌다. 심심찮게 보게 되는 또또의 그런 행동을 통해 나는 또또에겐 다른 개에게선 쉽게 볼 수 없는 심리적 정신적 코드가 있음을 알았다. 하지만 그것을 확대 해석하지는 않았다. 하다못해 내가 무속인처럼 내게 온 또또를 해석했다면 나 역시 전생에 큰 잘못을 저질렀고, 또또를 통해 업가림을 하고 있는 것이니 유쾌할 리도 없었다.

그런 일이 있고 난 뒤 1주일 동안 중국에서 열리는 한중 작가회의에 참석하게 되었다. 그 기간 동안 숙소가 바뀔 때마다 나의 룸메이트가 바뀌었고, 한 장소에서는 방을 혼자서 쓰기도 했다. 마지막에 나와 같은 방을 썼던 사람은 취재차 우리와 동행한 일간지 여기자였다. 그녀는 나보다 한참 젊었지만, 성숙하고 현명한 사람이었다. 어린 아들을 떼어 놓고 간 그녀는 멋있게도 담담했고, 또또를 두고 간 나는 초조해 조바심을 쳤다. 내가 독신이라 오해했을 정도로 가족에 관한 이야기를 아예 꺼내지도 않는 이성적인 그녀에 비해 또또를 걱정하고 있는 나는 한마디로 푼수였다. 같이 그 회의에 참석했던 한 남자 소설가의 전화를 통해 또또가 잘 지낸다는 소식(물론 나를 안심시키기 위한 거짓말이었고, 나도 그걸 알았지만, 안 들은 것보다는 나았다)을 듣고 난 뒤 나는 마음을 조금 가라앉힐 수 있었다.

돌아왔을 때 1주일 내내 한 끼도 먹지 않은 또또의 몸에서는 극도의 스트레스를 받았을 때 내뿜는 화학물질 냄새가 진동했다. 그 1주일 만에 녀석은 시궁쥐처럼 꾀죄죄했고, 미라처럼 말라 있었다. 하지만 녀석은 달려와 나를 반겼고, 안겼고, 안심했다.

딱 한 번을 위해

딱 한 번!

딱 한 번에 대한 미련을 많이 남기며 살았다. 딱 한 번만 성질을 죽일걸, 딱 한 번만 이해해 줄걸, 딱 한 번만 눈감아 버릴걸, 딱 한 번만 정식으로 항의해 볼걸, 딱 한 번만 자존심을 굽힐걸…. 내 삶을 확 바꿀 수도 있었던 '딱 한 번!'의 상황이 얼마나 많았는지 생각하면 정말로 가슴이 서늘하다.

나는 그 '딱 한 번'을 이 집으로 이사한 뒤 또또에게도 적용시키려고 했다. 인간인 나도 뛰어넘지 못했던 그 힘든 상황을….

사람을 물고 나서 바로 신음소리를 내며 괴로워하는 녀석이라 나는 또또가 평소에 사람을 무는 타이밍에서 딱 한 번만 참거나 멈출 수만 있다면 그 몹쓸 버릇을 고칠 수 있을 거라 믿었다. 물지만 않으면 가끔 다른 사람에게 녀석을 맡기고 여행도 하고, 어딜 가도 마음 편히 있다 올 수 있어 나는 녀석의 버릇을 반드시 고쳐 놓고 싶었다. 어느 역술가가 내 사주에 역마살이 세 개라고 했을 때 그 자리에 있던 친구들은 하나같이 못 믿었지만, 나는 '그러면 그렇지…' 하고 있었다. 그렇지 않고서야 묶이는 관계에 숨이 막히고, 폐쇄공포증이 있고, 좋은 것을 혼자 독점하려는 자들에 대한 거부감이 나처럼 강할 수 없을 듯했다.

사실 또또의 공격성은 누군가에게 치명적이지 않았다. 고작 더 이상 위험에 빠지지 않으려는 작은 동물의 자기보호본능 앞에 나는 그처럼 진땀을 흘렸던 것이다. 공포감에 사로잡혀 나를 물려고 할 때를 빼면 녀석은 얼마나 말랑말랑하고 상냥했는지 모른다. 그래서 나는 또또가 나를 물고 후회하며 괴로워하는 순간, 녀석의 버릇을 고치려고 다그쳤다. 그러면 녀석은 어느 선까지는 고개를 숙이고 신음소리로 반성문을 썼다. 그러다가 그런 행동을 수없이 반복하는 나 자신이 한심해 화가 치밀기 시작하는 시점이 되면, 녀석은 재깍 위험을 느껴 다시 물려고 대들었다. 그러기 전까지는 녀석이 죽을힘을 다해 인내력으로 통제하는 어떤 기운이 느껴졌다. 하지만 거기까지였다. 겁을 먹은 녀석은 다시 공격성을 드러냈고, 물고 물리고, 사과하고 꾸짖는 상황이 수없이 계속되었다. 나는 녀석의 등짝을 내리쳤고, 녀석은 공포감에 사로잡혀 울부짖었다. 허연 이빨이 드러났고, 사람으로 치면

입술에 해당되는 진갈색 근육이 쪼글쪼글하게 말려들며 파르르 떨리는 것이 보였다. 겁을 먹은 나는 안전한 거리를 확보하기 위해 의자를 집어들었다. 녀석은 의자 다리를 와작와작 씹어 대며 핏발선 눈으로 나를 노려봤다. 딱딱한 나무 의자를 씹는 녀석의 입이 피에 젖었고, 바닥으로 피가 뚝뚝 떨어졌다. 나는 너무 무섭고 화가 나 소리쳤다.

"숟가락 하나 안 들고 와 얹혀사는 놈이!"

폭력성이란 그런 것인지 나중엔 나도 분을 삭일 수가 없어 녀석이 물고 있는 의자를 세차게 흔들어 뺀 뒤 대문 밖으로 쫓아냈다. 혼자 대문 밖으로 나가는 것은 녀석에게 오줌을 지릴 정도로 끔찍한 일이었기 때문에 안 쫓겨나려는 녀석과 쫓아내려는 나의 소동을 듣고 이웃집의 문들이 열렸다. 아예 우리 집까지 구경하러 오는 사람도 있었고, 개는 5년 이상 기르는 게 아니라며 재생 버튼을 눌러놓은 것처럼 똑같은 말을 되하는 사람도 있었다. 한심하게도 직립 인간인 내가 개 한 마리를 대문 밖으로 내쫓기 위해선 죽을힘을 다해야만 했다. 쫓아낸 뒤 대문을 열고 내다보면 녀석은 깊이 반성하는 얼굴로 대문을 바라보고 서 있었다.

여러 번 그쯤에서 대문 안으로 들여놓았다 한 번도 뜻한 바를 이루지 못했던 나는 녀석을 아예 골목 밖으로 쫓아 버리기도 했다. 너무 화가 나 돌맹이를 집어 던지며 쫓아버린 적도 여러 번 있었다. 동네 친구가 지나가다 보고 "어떻게 불쌍한 또또에게…" 하며 안고 온 적도 있었다. 좀처럼 남의 품에 안기지 않는 녀석이 '이젠 됐다!' 하는 표정으로 돌아왔지만, 어김없었다. 나는 자꾸 그런 일을 만드는 녀석에게 정말로 화가 나 안고 온 사람까지 골목 밖으로 쫓아 버렸다. 다른 사람이 보면 또또가 괴팍한 내게 심한 학대를 받고 있다고 여길 진풍경이었다.

녀석의 증세가 조금씩 나아진 것은 내가 다 포기하고 사과를 받아들인 뒤 더는 문제 삼지 않게 된 시점부터였다. 물론 나는 전문가의 도움을 받을 수도 있었다. 하지만 또또가 느낄 공포감을 생각하면 그럴 수가 없었다. 비용도 부담스러웠다. 또한 수의사 말대로 또또 증세가 분열증 같은 거라면, 그들도 또또를 쉽게 다룰 수 없었다.

그럼에도 불구하고 나는 '딱 한 번만!'을 완전히 포기할 수가 없었다. 아무리 내 마음이 간절해도 내가 바라던 딱 한 번은 끝까지 생기지 않았다. 다행인 것은 녀석이 절대로 다른 사람을 물지는 않았다는 점이다. 목줄을 쥔 사람이 잠시 방심하는 틈에 지나가던 나를 문 개들이 동네에 몇 있었던 점을 상기하면, 또또는 정말로 다른 사람에게 위험한 개가 아니었다.

아무튼 딱 한 번을 완전히 포기한 뒤 또또의 증세는 나날이 좋아졌다. 또또는 죽을 때까지 나를 물었고, 물고 난 뒤엔 자신도 괴로워했지만, 차츰 살짝 무는 기교를 익혔다. 살짝 물려도 무섭기는 마찬가지였지만, 녀석의 피나는 노력 덕분에 무는 횟수도 차츰 줄어들었다. 또또는 가끔 처음 봤을 때의 명랑한 모습을 보이기도 했다. 표정이 풍부한 녀석의 얼굴에 머무는 미소도 보였다.

사람들은 나와 또또를 보면서 인간과 개의 상하 관계가 역전되었다고 말하기도 했다. 그렇다고 해도 할 수 없었지만, 나는 그렇게 생각하지 않았다. 또또는 한 번도 내가 앉는 자리를 차지하지 않았고, 내가 먹는 것을 달라고 하지 않았으며, 보채지도 않았다. 단지 내가 없는 상황을 공포스러워했고, 기다림이 길면 병이 깊어졌다. 그게 다였다.

 뭔가를 완전히 포기하기란 그렇게 힘든 것일까. 또또의 상태가 날로 좋아지자 나는 또 욕심이 생겼다. 그 무렵 사정이 있어 잠깐 우리 집에 와 살게 된 조카에게 살짝 기대는 마음을 갖게 된 것이다.
 조카는 생명과학 분야의 석사 과정을 끝내고 국비로 미국에서 박사 과정을 마치기 위해 출국하기 직전이었는데, 잠깐 머물 공간이 필요했다. 이미 또또와도 여러 번 만난 적 있는 그는 어려서부터 자신이 가진 것 중에서 가장 좋은 것을 남들에게 줬을 정도로 남다른 데가 있는 사람이었다. 나는 선천적으로 관대하고 선한 그 아이를 일찍부터 알아봤다. 그래서 그가 슬프면 나도 슬펐고, 그가 아프면 나도 아팠다. 그만큼 감정과 의식의 교류가 많고 신뢰감이 깊던 조카라 나는 그가 또또에게도 좋은 영향을 미칠 거라고 믿었다.
 다 착각이었다. 그가 와서 같이 살게 되자 또또의 증세가 당겼다 놓은 고무줄처럼 제자리로 돌아가고 있었다. 어느 사이 눈빛이 완전히 예전으로 돌아가 있는 또또를 보며 나는 생각했다.
 '내가 없는 사이에 무슨 일이 생기는 걸까?'
 '카메라를 설치해 놓고 볼 수도 없고….'

나는 곧 마음을 고쳐먹었다. 또또가 워낙 근본적인 문제를 갖고 있는 데다, 나와 둘만 사는 환경에 익숙해 다른 사람이 와 있는 것을 힘들어 한다고. 우리 집에 있는 동안 진로를 바꿔 지금은 의사가 된 그가 와 있던 그때나 지금이나 이 집은 조금도 변하지 않았다. 그때도 지금도 작은 방들을 가르는 문을 다 떼어 내고 한 공간으로 쓰고 있다. 그래야 좁은 공간을 최대한 활용할 수 있을 뿐만 아니라 한 뼘의 공간도 버리지 않고 효율적으로 쓸 수 있기 때문이다. 그러니 그때 우리는 개인 공간이라곤 없이 공용 공간에서 먹고 자고 놀았다. 힘들게 떼어 내 창고 깊숙이 넣어 둔 문짝을 꺼내 다시 달 생각을 하는 것만으로도 머리가 지끈거렸고, 조카는 곧 떠날 사람이었다.

그렇게 오픈되어 살아가는 두 사람과 한 마리 개의 생활 방식은 너무도 달랐다. 조카도 나도 늦게 자고 늦게 일어나는 것은 같았지만, 하루 종일 좁은 공간에서 지친 나는 일찍 불을 끄고 어둠 속에 누워 있고 싶었다. 잠을 푹 자지 못해 하루가 다르게 꾀죄죄해지고 있는 또또에게도 휴식이 필요했다. 그렇지만 땅꼬마였을 때부터 '주말의 명화'를 다 보고 잤던 조카는 정규 방송이 끝날 때까지 줄기차게 텔레비전을 보곤 했다. 그것이 그가 차곡차곡 쌓아 놓은 스트레스를 푸는 방식인 듯했다. 서로의 숨소리까지 들리는 좁은 집에 밤늦게까지 울리는 텔레비전 소리는 청각이 예민한 또또는 물론 나의 신경까지 곤두세웠다. 조카는 정규 방송이 끝나면 불을 끄고 자리에 눕는 것도 아니었다. 그때부터 책을 펴 제대로 공부하기 시작했다. 집중력이 강한 그는 뒤

척이는 우리를 의식하지도 않았다. 우리는 그가 책장을 넘기는 소리와 불빛 때문에 잠을 잘 수가 없었다. 남들이 피로를 풀고 가뿐히 눈을 뜨는 아침마다 나는 석관에 갇힌 것 같은 무력감으로 충혈된 눈을 떴다.

그 무렵 조카는 일생일대의 고민에 빠져 있었다. 그는 9년 동안 열심히 공부했던 전공을 바꿔 의사가 되려는 생각을 우리 집에 머무는 동안 구체적으로 하고 있었다. 원래 그는 어려서부터 의사가 되고 싶어 했다. 그가 그 꿈을 포기해야만 했던 것은 가난한 부모가 한 인간이 의사가 되는 데 필요한 경비에 겁을 내 일찍부터 반대했기 때문이다.

우리 집에 머물던 짧은 기간 동안 그는 늦었지만 의사가 되기로 결정했고, 서둘러 준비한 의대 편입시험에 우수한 성적으로 합격했다. 나는 그에게 팔을 내주며 혈관주사를 꽂는 첫 번째 실습 대상이 되어 주기도 했다. 그런 경황 중에 그는 떠나기 전 나를 위해 한 가지 일을 해 주려고 했는데, 그것은 다름 아닌 또또의 버릇을 고쳐 놓는 것이었다. 다시 말해 그는 본분을 잊고 특별 대접을 받고 사는 개에게 제자리를 찾아 주기 위해 내가 없을 때마다 다잡고 있었다. 그로 인해 또또는 그동안 보지 못하던 증세까지 보였다. 또또는 극도로 우울해졌고, 내가 외출할 때면 눈물을 그렁그렁 매단 눈으로 따라 나서려고 했다. 나는 그전처럼 갑자기 돌변하는 또또에게 자주 물렸다. 물린 뒤 화가 나 다가가면, 또또는 제발 살려 달라고 비명을 지르며 열려 있는 서랍 속으로 뛰어 들어가 제 공간을 확보한 뒤 나를 잡아먹을 기세로 대들었다.

내가 집에 없을 때 조카가 또또의 버릇을 고쳐 보려 애썼다는 것을 뒤늦게 알았다. 그에겐 보잘것없는 개 한 마리에게 묶여 있는 내 문제가 가볍게 보이지 않았던 것이다. 물론 그는 또또의 '버르장머리'를 고쳐 놓지 못했을뿐더러 악화시키고 떠나갔다. 그가 떠난 뒤에도 또또의 악화된 증세는 빨리 호전되지 않았다. 밤이면 더 자주 비명을 질렀고, 낮에도 자며 신음소리를 내거나 숨이 끊어질 것처럼 헉헉대곤 했다. 개량한옥에 살 때처럼 짙은 내 그림자가 닿아도 놀라 펄쩍 뛰었다.

그래도 명절 같은 때 조카를 만나면 또또는 꼬리를 치며 다가가 깍듯이 인사했다. 그러곤 그와 가장 먼 곳으로 가서 자리를 잡고 앉아 그의 행동만을 눈이 빠져라 지켜봤다. 그러다 지쳐 고개를 든 채 끄덕끄덕 졸았다.

정말로 처음 봤을 때의 또또는, 사람을 무는 개가 절대 아니었다. 녀석이 사람을 물기 시작했을 때는 저도 어쩔 수 없는 공포를 알아 버린 뒤였다. 그처럼 증세가 심각했음에도 또또에게 물린 사람은 첫 주인과 나뿐이었다. 아, 그리고 또또가 목욕할 때 목을 잡아 주던 옆집 친구도 물린 적이 있었다. 딱 한 번이었지만 충격이 커서 그녀는 그 뒤 또또를 씻기는 것을 도와주지 못했다. 심청이 아버지가 젖 구걸을 다니듯 나는 또또를 씻기기 위해 목을 잡아 줄 용기 있는 사람을 찾아 다녔지만, 또또의 발작과도 같은 증세를 한 번 보고 난 사람들은 마음은 있으나 도와줄 용기를 내지 못했다. 한두 번 나를 위해 위험을 감수하던 사람들이 진땀을 흘리는 것을 본 뒤엔 나도 더는 도와 달라 할 수가 없었다. 그래서 결국엔 가족들이 벌벌 떨며 더 자주 또또 목을 잡아야만 했다.

 또또는 언제나 조용한 것을 좋아했고, 먹을 것을 보고 달려들지 않았다. 같이 외출하면 철저히 인도와 횡단보도로만 걸었고, 사람들이 안전하게 길을 건널 수 있는 신호등이 있다는 것도 알았다. 인간의 교통 질서를 너무도 잘 알았기 때문에 탈골된 뒤 정확히 제자리에서 아물지 못한 어깨뼈에 무리를 주는 목줄을 맬 필요도 없었다. 평생 가라앉히지 못한 탈골로 인한 통증 때문에 녀석에겐 사실 목줄을 맬 수 있는 형편도 아니었다. 하지만 점점 애완견에 대한 규제가 강해져서 반드시 목줄을 매야 했기 때문에 어쩔 수 없이 나도 목줄을 사다가 묶어 데리고 다니려고 한 적이 있었다. 그런데, 목줄을 매자 또또는 그 자리에 선 채 꼼짝도 하지 않았다. 녀석을 데리고 다니기 위해선 어떻게든 녀석을 제압해야 했기 때문에 나는 끝까지 목줄을 풀어 주지 않았다. 그런데….

 그토록 고집스러운 개를 내가 어떻게 상상이나 할 수 있었겠는가. 오전에 목줄을 한 뒤 한밤이 되어도 녀석은 처음 그 자리에서 한 발짝도 움직이지 않았다. 다리를 후들후들 떨면서도 녀석은 꼼짝 않고 버티고 있었다. 그때 지면 다시는 목줄을 맬 수 없음을 알았던 나도 물러설 수 없어 버티고 또 버텼다.

 그전에도 녀석을 목욕시키기 위해 입마개를 사다 씌우려 했던 적이 있었다. 우리 집에 자주 놀러 오고, 또또가 잘 따르는 시 쓰는 친구와 내가 온갖 방법을 동원했음에도 녀석에게 끝내 입마개 하나를 씌울 수가 없었다. 결국엔 포효하는 소리에 놀라 뒤로 벌렁 넘어진 우리 앞에서 녀석은 '이젠 끝났구나!' 하는 표정을 짓고 있었다. 그날 입마개를 같이 씌우려 했던 친구는 며칠 전 여럿이 있는 자리에서 또또가 얼마나 만만찮은 존재였는지 말하며 그 일도 언급했다.

"포효하는 소리에 놀라 우리가 벌렁 넘어지는 것을 본 녀석의 표정이 희한했어. 다 끝났다고 안심하는 한편 미안해 머쓱해 하더라구. 또또는 속일 수 없는 개였어. 하지만 얼마나 귀여웠다구!"

아닌게 아니라 입마개를 씌우는 것도 내겐 꼭 성공해야만 하는 일이었지만 끝내 뜻을 이룰 수 없었다.

또또는 마취가 잘되지 않는 데다 수의사의 손도 잘 빠져나갔다. 안정제나 마취제를 맞은 개라고는 믿어지지 않도록 진찰대를 뛰어내려 소동을 벌이는 일이 병원에 갈 때마다 반복되었다. 그러다 다시 수의사의 손에 잡힌 또또는 그전보다 더 힘하게 다뤄졌다. 재갈을 문 녀석의 코와 입에선 거품이 버글버글 끓었다. 끈적끈적한 거품이 숨길을 막았지만 수의사는 재갈을 물린 입에다 입마개까지 씌울 때도 있었다. 도저히 숨을 쉴 수 없을 것 같은 그 상태로 겁에 질려 제정신이 아닌 또또는 치료를 받아야만 했다. 발작하다 정신병원 진료대에 온몸이 묶인 거구도 그처럼 심하게 다뤄질 것 같지 않았다. 그걸 눈으로 직접 봤던 나와 친구가 또또에게 입마개를 씌우려고 씨름한 결과는 인간인 우리의 완전한 참패였던 것이다.

이야기의 곁가지가 길어졌지만, 한 번 실패는 영원한 실패임을 알고 있었기에 나는 목줄만은 포기할 수 없었다. 또또가 나와 같이 산책을 하려면 반드시 어깨 통증을 견디며 목줄을 해야만 했다. 날로 심해지는 사람들의 훈시와 욕설을 듣기도 힘들었고, 개에 대한 규제도 점점 강화되고 있었다.

그날 그처럼 노력했음에도 목줄을 할 수 없었다. 역시 대단한 또또였다. 자정이 다가와도 녀석은 처음 목줄을 맺던 그 자리에 그 자세 그대로 후들후들 떨며 서 있었다. 나는 개의 의지에 놀라지 않을 수가 없었다. 녀석을 그 상태로 더 두는 것은 너무도 가혹했다.

목줄을 풀어 주자 또또가 거친 숨을 뱉으며 걸으려다 말고 비명을 지르며 엉거주춤 주저앉았다. 옆구리까지 쥐가 나 기다시피 제자리로 가는 녀석에게는 인간인 내가 지켜 주고 싶은 자존감이 있었다. 녀석이 아무리 보잘것없는 잡견이라고 해도….

하지만 목줄을 하지 않은 개를 데리고 다니는 것은 쉽지 않았다. 사람들은 그 조그만 녀석이 폭탄이나 세균 덩어리라도 되는 것처럼 나를 나무랐다. 욕설과 막말을 참 많이도 들었다. 경찰을 부르겠다며 나를 세워 놓고 전화를 거는 사람도 있었다. 그래서 나는 목줄을 손에 들고 다니다가 그런 사람을 만나면 매는 시늉을 하기도 했다.

탈골되었다 정확히 제자리에서 아물지 못한 어깨뼈 때문에 녀석을 안을 때도 늘 조심해야 했는데, 나는 오래도록 그것을 몰랐다. 녀석을 안다가 자지러지는 비명소리에 놀라 진땀을 흘리며 속으로 '참 유난스러운 녀석'이라고 짜증스러워했을 뿐.

녀석에게 절대로 목줄을 맬 수 없음을 알고 난 뒤부터 나는 길에서 나무라는 사람을 만나면 얼른 또또를 안고 걸었다. 그들이 따라오면서까지 뭐라고 하면 "안고 다니는 개인데 너무 팔이 아파 잠깐 내려놨다"고 말했다. 또또는 언제나 내가 안고 다닐 수 있는 무게였고, 등허리가 휠 정도로 무거웠다 해도 나는 그렇게 했을 것이다.

놀라운 연기력

어느 날 우리 집에 왔다 갑자기 또또를 걷어찼던 한 소설가는 이렇게 말했다.

"이 녀석이 표정 연기를 하잖아!"

나가떨어진 또또가 여러 사람 앞에서 무안해 하는 표정을 짓는 것을 보며 그 자리에 있던 나는 그 말을 믿지 않았다. 나중에서야 나는 개들도 연기를 하고, 어떤 개의 연기력은 뛰어나다는 것을 옆집 럭키를 통해 알았다. 럭키의 첫 주인이 녀석을 옆집에 맡기고 간 지 여러 달이 지나도록 럭키는 늘 슬프고 겁먹은 표정을 짓고 있었다. 도무지 제자리를 잡지 못하는 럭키는 보는 사람의 마음을 안타깝게 했다. 그 무렵 옆집 친구가 바쁠 때면 나는 럭키도 데리고 나가 같이 산책을 하곤 했는데, 오줌을 지리며 구석으로만 걸어 신경이 쓰였다. 그러던 어느 날이었다. 내가 언덕 너머 독립문에 볼일이 있어 걸어서 언덕을 넘어 가는데, 럭키가 따라왔다. 그 길에는 옛날 럭키 주인이 살던 집이 있었다. 나는 럭키가 그 근처에서 돌아갈 줄 알았지만, 어떻게 해도 녀석을 떼어 놓을 수가 없었다. 발을 구르며 쫓아도 럭키는 벌벌 떨며 나를 쫓아왔다. 궁리 끝에 나는 한 연립주택 출입문 안으로 들어가 숨어 버렸다.

골목에서는 대여섯 명의 청년들이 축구공을 뻥뻥 차며 놀고 있었다. 공이 골목 위로 솟았다 떨어지면 맞은편에 있던 다른 청년이 되받아 차는 소리가 너무 힘차 조금 무섭게 들렸다. 그런데, 잠깐 보이지 않던 럭키가 그들 사이에 나타났다. 녀석은 청년들이 공을 차고 있는 정중앙에 서서 이리저리 날아가는 공을 느긋한 표정으로 올려다보고 있었다. 조금 전까지만 해도 녀석은 작은 고무공이 통통 튀어도 화들짝 놀라던 너무도 겁 많고 불쌍한 개였다. 녀석은 담대해 보였고, 늘 우리의 마음을 무겁게 하던 슬픔은 어디에도 남아 있지 않았다. 녀석이 옆집 친구와 내 마음을 묶어 놓았던 슬프고 겁먹어 보이던 행동과 표정은 한마디로 연기였던 것이다!

또또도 내 마음을 잡기 위해 그런 연기를 하지 않았을 리가 없었다. 하지만 이상하게도 나는 또또에게 속았다고 생각되는 순간이 없었다. 그런 때는 없지만, 비슷한 일은 딱 한 번 있었다. 위중한 환자가 있는 병원으로 가 봐야 하던 어느 날 저녁, 나는 또또를 옆집 친구에게 맡기고 집을 나섰다. 그런데 내가 미처 집 근처 광화문역에 도착하기도 전에 옆집 친구가 전화해선 또또가 곧 죽을 것 같으니 빨리 되돌아오라고 했다. 그럴 리가 없어 나는 통화를 하면서도 전철역 계단을 뛰어 내려갔다. 내가 되돌아갈 것 같지 않자 그녀가 마침 집에 와 있던 손님을 바꿨다.

"빨리 오세요! 또또가 숨을 못 쉬어요! 지금 죽을 것 같아요! 저러다 정말 죽어요. 숨을 전혀 못 쉬고 있다니까요!"

그럴 리 없어 나는 돌아가지 않았고, 또또는 죽지 않았다. 나는 그때 또또가 오래 집을 비울 것 같은 기세로 가 버린 내 발목을 잡기 위해 연극을 한 것이라고 확신한다. 나중엔 그날 나와 통화했던 두 사람도 자신들이 속은 것 같다며 혀를 끌끌 찼다.

또또를 병원에 데리고 가지 말아야겠다고 결심한 시점이 있었다. 또또에게 의료사고가 생겨 죽을 뻔한 일이 있었던 때였다. 그 사고로 또또는 눈이 뿌옇게 된 채 죽은 듯이 며칠을 누워 있었다. 나는 아침마다 또또가 밤새 죽어 버렸을지도 모른다는 생각을 하며 눈을 떴다. 심호흡을 한 뒤 녀석을 불러도 집 안엔 정적뿐이었다. 용기를 내 녀석이 누워 있는 곳으로 갈 때는 이미 굳어 버린 몸을 볼까 봐 겁이 났다. 또또가 살아 있다고 느껴지는 것은 약한 호흡으로 조금씩 오르내리는 가슴팍의 움직임뿐이었다. 나는 또또가 죽은 뒤 어떻게 처리해야 할지를 생각해야만 했다.

그때 옆집 친구가 와서 그처럼 아픈 또또를 병원에도 데리고 가지 않는다며 울었다. 또또는 무조건 제 편이 되어 주는 그 친구를 좋아했고, 그 친구는 또또를 통해 어릴 때 개에게 물렸던 공포를 극복할 수 있었다. 그래서 그녀는 럭키를 맡을 용기를 냈고, 럭키는 지금껏 그 집에서 복덩어리 취급을 받으며 행복하게 살고 있다.

그날 친구는 의식이라곤 없는 또또를 앞에 놓고 진심으로 울었다.

"아이고, 또또야. 이렇게 아픈데 병원에도 못 가고…."

그녀는 손으로 눈물을 훔친 뒤 다시 말했다.

"흑흑. 언니가 이젠 병원에도 안 데리고 가는구나."

언니란 나를 말하는 것이다. 그렇게 울던 그녀가 갑자기 목소리를 약간 신파조로 바꿔 소리치듯 말했다.

"아이고 또또야, 너 없으면 언니는 어떡하라구!"

그때 나는 죽음의 기운이 뒤덮어 뿌옇게 변한 또또의 눈이 살짝 흔들리는 것을 보았다. 단 한 번의 아주 작은 경련 같은 움직임이었다. 옆집 친구가 가고 난 뒤 녀석을 계속 내려다보고 있을 때 이상하게도 또또의 혼탁한 눈에서 어떤 의지 같은 것이 느껴졌다. 착각이었을지도 모른다. 하지만 내 눈에는 분명히 또또가 안간힘을 쓰고 있는 것처럼 보였다. 그렇다고 귀가 쫑긋거리거나 발가락 하나가 꼼지락거리는 것을 본 것도 아니었다.

내 느낌이 틀리지 않았음을 곧 알게 되었다. 녀석은 정말로 안간힘을 다해 소생하려 애쓰고 있었다. "언니는 어떡하라구!" 하며 외치던 옆집 친구로 인해 혼자 남을 나를 의식했던 것일까. 볼수록 녀석이 혼신의 힘을 다해 죽음과 사투를 하고 있는 것이 느껴졌다. 뿌옇게 뒤집어쓰고 있던 눈의 혼탁한 막이 며칠에 걸쳐 천천히 걷히면서 원래의 맑고 투명한 눈빛이 되살아났다. 그것을 지켜보는 내 마음은 사실 그다지 기쁘지 않았다. 또또는 이미 죽음의 고통을 다 치러 낸 상태였다. 힘든 그 과정을 또 한 번 남겨 놓는다는 사실이 나로선 여간 걱정스러운 게 아니었다.

그것은 나의 생각이었고, 또또는 살아났다. 그 뒤 또또는 7년을 더 살았지만 나는 더 이상 또또를 병원에 데리고 가지 않았다. 대신 녀석의 진료 카드에 남아 있는 병력을 참고해 증세에 맞는 약을 지어다 먹였다. 밥을 잘 먹지 않는 녀석에게 약을 먹이는 것도 전쟁이었지만…. 나는 적지 않은 병원비로부터, 녀석은 병원의 공포로부터 벗어난 셈이니 그것은 우리 모두에게 좋은 결정이었다. 병원에 가지 않게 된 뒤부터 또또는 더욱 순해졌는데, 어쩜 그것은 노화로 인한 자연스러운 현상이었을지도 모르겠다.

또또도 인간인 나와 사느라 연극을 했을지 모르지만, 나는 확실히 또또 때문에 연기를 할 때가 있었다. 늘 벌벌 떠는 녀석 앞에서 나는 늘 강한 척했다. 그 때문에 제 녀석을 확실히 지켜 주는 내가 세상에서 가장 힘센 사람이라고 끝까지 믿었다. 오래 혼자 둬야 할 때는 금방 돌아올 것처럼 행동했다. 개들은 시간을 잘 모르기 때문에 그렇게 하는 것이 오히려 녀석을 위해서도 좋을 거라 생각했다.

  나의 가족들도 또또 앞에서는 하고 싶은 말을 다하지는 않았다. 또또가 나의 가족 속에 끼어 있는 모습을 보면, 가족이 많은 집에서 살았다면 녀석이 더 빨리 회복되었을 거라는 생각도 들었다. 처음에는 좀 힘들었을 테지만 녀석은 어떻게든 적응했을 것이다.

  또또는 자신을 태워 줄 차가 있는 사람을 특히 좋아했다. 어딘가를 가면 가장 먼저 나를 관찰했고, 그 다음엔 차를 가진 사람이었다. 녀석은 나와 차를 가진 사람이 움직여야 그 자리가 끝나는 것임을 알았다. 처음부터 차멀미도 하지 않고 차를 잘 탔지만, 차 안에서 녀석은 잠을 거의 자지 않았다. 하염없이 창밖을 내다보거나 귀를 바짝 세우고 차 안에 있는 사람들이 하는 말을 듣곤 했다. 그러다 잠깐 잠들면 내처 잘 수 있도록 우리는 신경을 썼지만, 누군가가 "또또 아직 안 자?"라는 말이라도 하면 녀석은 자다가도 번쩍 눈을 떴다. 그처럼 잠을 자지 않고 신경을 곤두세우고 있는 녀석을 조금이라도 더 재우기 위해 맨 먼저 한 조카가 녀석을 암호로 부르기 시작했다. 그래서 또또의 이름은 점점 불어났다. 때때 띠띠 로또 또발 티토 틱틱 탁탁 코코 뚜뚜 투투 띠리릭…. 얼마 안 가 녀석은 우리가 자기 이름을 가지고 이야기하는 것을 알아차렸다.

  "때때 녀석이 초복이 없어 그렇지 늦복은 터졌어."
라는 말에 녀석은 눈을 반짝 떠버렸다.

제3부

꽃을 놓는 자리

그 숨결

 해외여행 때면 되도록 도시에 머물며 도시문화를 즐긴다는 친구들이 있다. 그들은 여행한 나라의 도시에서 쇼핑을 하거나 특색 있는 음식을 맛보고, 밤 풍경까지도 즐긴다고 한다. 심지어 한 도시만을 보러 가기도 한다는 그들이 좋아하는 것은 현실적인 생생한 활기인 셈이다. 그런가 하면 어딜 가도 그 나라의 독특한 자연과 그곳에 스민 인간의 역사와 숨결을 더듬고 다니는 것을 좋아하는 친구들도 있다. 그들 역시 활기를 얻기 위해 여행하지만, 차분한 활기를 좋아하는 것 같다. 해외여행을 해볼 기회가 거의 없었지만, 분명 나도 후자에 속하는 사람이다.
 또또도 자연을 좋아했다. 우리와 자주 산책을 했던 옆집 친구도 그것을 잘 알았기 때문에 또또가 아플 때마다 입에 밴 말을 했다.

"산책하자. 또또 흙냄새 맡으면 싹 나을 거야."

또또는 웬만큼 아파선 산책을 마다하지 않았다. 또또가 산책하자는 말에 반응이 없다면, 그건 큰일 날 만큼 아프다는 말이었다. 가끔 안 아플 때도 있었지만, 살아 있는 대부분의 날들을 또또는 병과 함께 했다. 그런 녀석이 비실비실 걸어 일단 밖에 나가면 돌아올 때까지 제 힘으로 걸었고, 힘들어 땅에 주저앉을 때조차도 안아 주는 것을 그다지 좋아하지 않았다. 그런 또또가 한옥으로 이사한 뒤엔 점점 타고난 활력을 되찾고 있었다. 오랫동안 또또를 봐 온 내게 그것은 신기한 변화였다. 시들어 가던 나무가 싱싱해지며 짙은 녹색빛을 띠기 시작하는 것처럼 눈으로도 느낄 수 있는…. 그런 또또를 신기해 하며 수의사도 말했다.

"또또가 이젠 거의 나았군요! 정말 좋아졌는데요!"

또또의 모습에 고무된 그가 어느 날 내게 흥분된 목소리로 말했다.

"저기, 불쌍한 유기견 한 마리만 더 길러 보시겠어요?"

내가 미처 대답하기도 전에 그가 얼른 고쳐 말했다.

"아니다, 아니다. 300마리 키우는 것보다 힘든 개 기르고 있는데…."

일 년에 한두 번, 우리 형제들이 어머니 산소에 갈 때도 또또는 같이 갔다. 비가 오든 눈이 오든 선산에 가면 녀석은 더없이 느긋해져 혼자 어슬렁거리며 마음껏 산을 돌아다녔다. 입맛에 맞는 풀을 뜯어 먹기도 하고, 메뚜기를 따라 껑충껑충 뛰기도 했다. 가끔은 어머니 묘에 올라가 먼 풍경을 하염없이 바라보기도 했는데, 나는 누군가가 그걸 언짢게 여길 수도 있을 것 같아 애써 태연하게 말했다.

"저것 좀 봐라. 엄마가 또또 모자를 썼네."

내 마음을 헤아린 건지 그런 일을 자연스럽게 받아들인 건지 아무도 또또가 어머니 무덤 위에 올라가 있는 것을 문제 삼지 않았다.

나의 어머니도 중환자인 상태로 오랫동안 살았다. 늘 아팠기 때문에 언제든 떠나 버릴 수 있는 어머니는 우리에게 너무도 애틋한 존재였다. 생전에 어머니는 가족들의 움직임을 한눈에 볼 수 있는 거실 소파에 앉아 있는 것을 좋아했다. 거기서 우리에게 잔소리를 했고, 텔레비전을 보거나 낮잠을 잤다. 내가 가면 그 소파 한 귀퉁이는 늘 또또가 차지했다. 또또는 정신을 다쳤고, 어머니는 건강이 나빠 둘은 우리 집에서 늘 중환자 대접을 받았다.

이제는 담담히 회상할 수 있지만, 어머니가 중환자실에 있을 때 마지막 가는 모습을 꼭 지켜봐 주고 싶었던 나는 깊은 잠을 자지 못했다. 오래된 이 집의 서까래에서 흙 알갱이 하나가 떨어지는 소리에도 깼고, 지붕을 때리는 첫 번째 빗방울 소리에도 눈을 떴다. 새벽에 걸려오는 전화벨이 미처 한 번이 다 울리기도 전에 나는 이미 어둠 속에 벌떡 일어나 앉아 있었다. 그처럼 어머니를 보낼 마음의 준비를 하고 있었지만, 그것은 쉬운 일이 아니었다.

어머니가 가족들 속에서 임종할 수 있도록 중환자실에서 1인실로 옮길 때 나는 바보처럼 굴기도 했다. 어머니 상태가 기적적으로 좋아진 줄 알고 기뻐했던 것이다. 그처럼 어리석게 구는 나 때문에 힘들게 눈을 뜬 어머니가 눈물을 흘렸다. 나는 어머니가 우는 것도 회복 징조라고 믿었는데, 병실에 가서야 정신적 탯줄이 떨어지지 않은 나를 측은히 여겨 울었음을 알았다. 1인실로 옮긴 뒤엔 의사가 말해 주지 않아도 임종이 임박했음을 알 수 있었다. 그 다음 날 병실로 온 의사는 어머니가 사흘을 못 버틸 거라고 말했지만, 나는 어머니의 마지막이 바로 그날이 될 것임을 직감했다. 그래서 내가 없는 동안 옆집 친구가 또또 밥을 좀 챙겨 줄 수 있도록 먹을 것을 준비해 두고 가려고 잠깐 집으로 돌아왔다.

그 무렵 또또는 무엇을 알고 있는 것처럼 내가 아무리 집을 오래 비워도 토하지도 아프지도 않았다. 순한 아이처럼 내가 돌아오면 달려와 반겼고, 자신이 늘 자던 잠자리가 아닌 내 발치에 와서 자곤 했다. 그리고 그날, 갑자기 돌개바람이 불며 마른하늘에서 비가 쏟아질 때 어머니가 우리를 영원히 떠났다. 어머니를 떠나 보내고 공황 상태로 있는 우리에게 아버지는 잠깐 집에 가서 장례 치를 준비를 해 다시 오라고 했다.

몇 시간 만에 다시 집으로 가는 나를 마중하러 옆집 친구가 또또를 데리고 큰길로 나왔다. 내가 오고 있다는 말을 듣고 잔뜩 긴장해 옆집 친구를 따라 큰길까지 나온 녀석이 측은한 한편 기특하기도 했다. 그런데 이상한 일이 생겼다. 내 앞으로 한달음에 달려온 또또의 표정이

다른 때와 너무도 달랐다. 다른 때 같으면 물불 안 가리고 달려와 내게 안겼을 텐데, 내 눈앞에 와서 누가 등을 잡아당기는 것처럼 딱 멈춰 섰다. 그러곤 나의 머리 위 한 지점을 올려다보며 꼼짝 않고 서 있었다. 겁을 먹은 것도 같았고, 뭔가의 움직임을 주시하고 있는 것도 같았다. 옆집 친구도 나도 그 모습이 너무도 이상해 한동안 아무 말도 하지 못했다.

장례를 치르고 오는 동안 또또는 내가 준비해 두고 간 음식을 입에 대지 않았다. 하지만 자다가 뭔가가 이상해 눈을 떠 보면, 또또가 바로 눈앞에 있었다. 얼마나 가까이에서 나를 내려다보고 있었던지 녀석의 숨결이 고스란히 얼굴에 닿았다. 그런 날이 며칠 계속되었다. 며칠 계속 어둠 속에서 또또의 숨을 느끼며 눈을 뜨던 어느 날, 나는 자면서 내가 내는 신음소리를 여러 번 들었다. 또또는 내가 걱정되어 앞발을 침상에 올려놓은 그런 자세로 나를 내려다보고 있었던 것이다.

적게 먹으면 오래 산다는 말이 맞는 것 같다. 또또는 '저렇게 먹고 어떻게 생명이 유지될까?' 싶을 정도로 적게 먹었는데, 3년을 못 넘길 거라던 수의사의 예상을 훨씬 뛰어넘어 17년을 살았다. 또또가 자기 것을 챙기려고(고작 당장 먹을 정도만!) 했던 식품은 오직 땅콩과 껌뿐이었다. 또또는 겉껍질이 있는 피땅콩을 아주 좋아해서 이따금 다람쥐처럼 까먹곤 했다. 그 때문에 웃을 일이 많았다. 녀석이 생각하기엔 하나의 피땅콩 속에는 딱 두 알의 땅콩이 들어 있어야 하는데, 가끔 한 알뿐이거나 세 알일 때가 있었기 때문이다. 한 알뿐일 때는 껍질을 와 작와작 씹거나 더 큰 구멍을 내 안을 들여다보며 나머지 한 알을 맹렬하게 찾았다. 그래도 나머지 한 알이 눈앞으로 굴러 떨어지지 않으면 두 발로 껍질을 들고 안을 들여다보거나 발로 굴리며 없는 것도 만들어 낼 기세였다. 어쩌다 두 알을 다 꺼내 먹은 다음에 세 번째 알이 떼굴떼굴 굴러 떨어지면 녀석은 고개를 갸우뚱거렸다. 땅콩에 흠 하나 생기지 않도록 속껍질을 벗겨 먹는 모습을 보면 개가 아니라 다람쥐와 사는 것 같은 기분이 들기도 했다.

  내 친구들 중에도 땅콩을 좋아하는 자들이 많았다. 그들은 또또 땅콩을 봉지째 앞에 갖다 놓고 마지막 한 톨까지 먹어 치우기도 했다. 그러고 나면 또또는 길게는 몇 주 동안 땅콩이 없는 상태로 살아야 했다. 기껏 몇 알밖에 먹지 않아 눅눅해지곤 하던 땅콩을 나는 굳이 사다 놓지도 않았다.

  어느 하루, 오랜만에 땅콩을 사들고 또또가 좋아하는 동네 친구 집에 갔다. 그 친구도 또또만큼이나 땅콩을 좋아해서 우리 집에 있던 땅콩을 마지막 한 톨까지 먹어 버린 적도 있었다. 그녀의 옆집에 살던 친구까지 와서 두 사람이 땅콩 한 봉지를 단숨에 먹어 없앨 분위기가 되었다. 그때 방바닥에 턱을 댄 채 계속 그들을 바라보던 또또가 몸을 일으켰다. 그러곤 땅콩을 향해 갔다. 또또는 입에 물 수 있는 최대한 피 땅콩을 물기 시작했다. 얼마나 많이 물었던지 입 밖으로 삐죽삐죽 빠져나온 땅콩들이 와글대는 것만 같았다. 녀석은 그것을 문 채 자신이 엎드려 있던 자리로 가서 뱉은 뒤 숨을 조절했다. 세어 보니 모두 일곱 개였다. 두 친구는 그걸 보고 깔깔대며 나머지 땅콩을 또또가 보란 듯이 다 먹어 치웠다. 그러고 나선 당장 먹지도 않을 땅콩을 지키고 있는 또또를 놀리기 시작했다. 녀석의 관심을 다른 데로 돌린 뒤 세 알을 감춰 버린 것이다. 다시 있던 자리로 돌아온 또또는 땅콩을 도둑맞았음을 금방 알아차렸다. 녀석은 내게로 다가와 발로 툭툭 치며 땅콩을 찾아 달라고 졸랐다. 내가 가만 있자 녀석은 직접 땅콩을 찾아다녔다. 그것을 본 친구가 한 톨을 던져 줬다. 녀석은 여전히 찾아다녔다. 다시 한 톨을 던져 줬다. 그래도 녀석은 땅콩을 찾고 있었다.

"세상에! 아무래도 얘가 숫자를 알고 있는 것 같아!"
라고 했던 친구의 말대로 정말로 또또는 자신이 몇 개를 잃었는지 정확히 알고 있는 것 같았다. 녀석은 더 도둑맞지 않기 위해 여섯 알의 피땅콩을 다시 입에 몽땅 물더니 우리들로부터 더 떨어진 곳으로 가 자리를 잡았다.

체력과 신경이 약한 또또는 잠시 뒤 땅콩을 입에 문 채 끄덕끄덕 졸기 시작했다. 졸고 있는 녀석의 입에서 흘러나온 땅콩이 바닥에 하나둘 떨어졌다. 땅콩을 사수하느라 금세 지쳐 버린 녀석의 입에는 이제 한 톨의 땅콩만 물려 있었다. 녀석은 이빨 사이에다 하나의 피땅콩을 골초의 담배처럼 물고 계속 졸고 있었다.

녀석은 길게 푹 자는 법도 없었다. 토끼잠에서 깨자마자 녀석은 그렇게 지켜 낸 땅콩을 다시 입이 미어지도록 물고 집으로 돌아왔다. 뭐든 지독히 적게 먹는 녀석은 침으로 눅눅해진 그 땅콩을 다 먹지도 못했다.

속도가 말해 준다

젊다는 것은 무엇에든 속도가 빠르다는 것을 뜻한다. 감정까지도 번개처럼 빠른 것이 젊음이다. 속도감 때문에 실수가 잦은 것도 젊음의 특징이다. 금세 웃다 금세 우는 아이들이야말로 젊은 에너지가 가장 솟구치는 존재들이다.

젊음을 한껏 누려 보지도, 젊다는 사실을 제대로 인식해 보지도 못했지만, 젊었을 때 내게도 속도감이 있었다. 나는 다른 것은 몰라도 눈의 속도만큼은 남들보다 빨랐다. 지독히 나쁜 시력에도 불구하고 사물을 빠르고 정확하게 보는 능력만은 누구에게도 뒤지지 않았다. 속독법을 배운 적이 없는데도 몸의 컨디션이 최상일 때면 글이 한꺼번에 두 줄씩 읽힐 때도 있어 나 자신도 신기하다고 느끼곤 했다. 그러다 보니 나란히 앉아 자막 있는 영화를 보고 나서 엉뚱한 소리를 하는 사람이 잘 이해되지 않았다.

나이가 들면서 모든 것의 속도가 떨어지기 시작했다. 그 증세는 가장 먼저 눈에서 나타났다. 스마트폰이 나오기 전 어느 날, 친구들이 밖에서 서로 다르게 알고 있는 지식 때문에 실랑이를 하다가 내게 전화한 적이 있었다. 해결의 열쇠가 될 단어를 사전에서 찾아봐 달라는 용건이었다. 그런데 이상하게도 당연히 있어야 할 그 단어가 아무리 찾아도 보이지 않았다. 전화를 한 사람도 받은 사람도 사전이 너무 엉터리라고 투덜댔는데, 다음 날 펼친 채 엎어 놓은 사전을 보던 나는 헛웃음을 웃었다. 전날 밤 내가 엉뚱한 곳을 찾았기 때문이었다. 근시가 심한 사람은 노안이 늦게 온다고 들었는데 내 경우엔 근시가 심한데도 남들보다 빠른 사십 대 초에 노안이 왔다. 바야흐로 모든 것의 속도가 늦어지는 신체의 하향 곡선이 그려지고 있었다.

또또의 노화는 나보다 훨씬 빨랐다. 동공의 갈색 결까지 세세히 보이던 또또의 눈이 뿌옇게 되었고, 잘 때 내는 숨소리는 하루가 다르게 거칠어졌다. 녀석은 내가 듣는 소리를 듣지 못할 때도 있었다. 늘 나보다 1~2미터 앞에서 걷던 또또는 한 세월 나와 나란히 걸었고, 언제부턴가 한두 걸음 뒤에서 걷고 있었다. 어떤 때는 바로 붙어 걸어가는 나를 두고 다른 사람을 따라 엉뚱한 곳으로 가기도 했다. 개를 싫어하는 그 사람이 저를 보고 기겁을 하면 녀석도 소스라치며 나를 찾아 두리번거렸다. 순간적인 치매가 왔는지 집과 반대 방향으로 마냥 걸어가는 것을 뒤늦게 알고 찾아온 날도 있었다. 또또는 그처럼 하루가 다르게 늙어 가고 있었다.

　한번은 소설 쓰는 친구와 오랜만에 만났다. 인사성 밝은 또또는 몇 년 만에 만난 그녀를 반기며 열심히 꼬리를 쳤다. 또또 때문에 우리는 카페 밖에 내놓은 자리에 앉게 되었다. 그동안 밀린 이야기를 하는 우리 곁에서 또또는 뭔가를 골똘히 생각하는 표정으로 앉아 있었다. 우리가 만난 지 한 시간쯤 되었을 때였다. 갑자기 또또가 벌떡 일어나 친구를 바라보며 처음보다 더 살뜰하게 꼬리를 치기 시작했다. 녀석의 표정을 보고 우리는 금세 왜 그러는지 알 수 있었다. 처음에 녀석은 알고 있는 사람이라서 대충 반겼는데, 골똘히 생각한 끝에 친구가 누구인지 정확히 기억해 냈던 것이다. 녀석은 늦었지만 제대로 인사를 하고 있었다.

　예전에 또또는 나보다 시력은 약했지만, 뛰어난 후각 때문인지 사람을 잘 알아봤다. 첫 주인을 길에서 만나도 금방 알아보곤 했다. 그들을 모른 척하면 두루 좋았을 테지만, 녀석은 경직된 몸을 땅에 납작하게 붙이고 배를 땅에 끌며 기어가 인사하곤 했다. 인사를 받는 그들도 편해 보이지 않았다. 우리와 인사를 나눈 뒤 이상한 표정을 지으며 시야에서 멀어지곤 했으니….

　우리 집에 오는 친구들 중에도 또또를 거북해 하는 사람이 많았다.

그들은 개답지 않은 개와 그 개에게 지나치게 신경 쓰는 나를 똑같이 한심하게 여겼다. 또또를 한 번도 보지 못한 사람들이 소문만 듣고 "아직도 그 집에 이상한 개 살고 있어요?"라고 물을 때도 있었다. 한 소설가는 또또를 잡아서 국물 한 방울도 남에게 주지 말고 내가 다 먹어 치우면 내 인생이 활짝 펴질 거라고 여러 번 말하기도 했다. 발작하는 또또에게 놀라 안락사를 시켜야 한다며 흥분한 친구도 있었다. 개에게 발이 묶여 행동이 자유롭지 못한 나를 보고 아버지도 이따금 "또또가 빨리 죽어야 할 텐데…"라고 말했다.

어머니가 중환자실에 있을 때 면회시간이 지나도록 그곳에 머무는 나를 간호사들은 늘 모른 척해 주곤 했다.

"이상하다. 저분들이 네겐 왜 늘 관대하니?"

정작 나는 그 사실을 의식하지도 못했다. 중환자실이라는 쓸쓸하고 서글픈 풍경 속으로 제 발로 찾아오는 여러 종류의 사람들을 봐 왔을 간호사들은 어머니에 대한 회한이 많은 나를 한눈에 꿰뚫어 측은히 여겼을지도 모르겠다. 건강이 안 좋은 어머니가 집안일을 다하도록 내버려 두고 일찍부터 집을 나와 대단한 일이라도 하는 것처럼 살았던 매정한 나를….

담담한 이별을 위해 늘 마음을 준비했으나 막상 떠나자 슬픔이 컸던 어머니를 땅에 묻고 아무도 없는 이 한옥으로 돌아오던 날만 해도 가족들은 하나같이 말했다.

"그나마 네게 또또가 있어서 덜 걱정이 된다."

"이럴 때 또또라도 있어 얼마나 다행이니."
라고 했던 가족들은 일찍이 그 마음을 잊은 듯했다. 그러든 말든 그 날로부터 7년을 더 살았던 또또의 생명이 푹푹 줄어드는 것이 눈에 보였다. 나는 이미 내가 쓰던 거의 모든 비밀번호나 문장을 또또가 편안히 죽음을 맞기를 바라는 바람이 담긴 숫자나 문장으로 바꿔 쓰고 있었다.

그처럼 늙어 가는 또또를 데리고 가끔 사진을 찍었다. 옆집 친구가 사진 찍는 것을 좋아해서 시큰둥하게 보고 있던 나도 결국엔 한두 컷 찍곤 했다.

어느 날 여러 번 찍었음에도 옆집 친구와 내 사진이 이상할 만큼 잘 나오지 않았다. 옆집 친구는 포토제닉하다는 말을 늘 들을 정도로 사진이 잘 나왔기 때문에 더 이상했다. 만족한 사진을 얻기 위해 우리는 여러 컷의 사진을 더 찍었지만, 허사였다. 며칠 지난 뒤 옆집 친구가 그때 왜 사진이 잘 나오지 않았는지 이유를 알았다고 말했다.

"우리 얼굴이 또또에게 밀렸던 거야."

"?"

"자, 봐. 또또를 가리고 우리 얼굴만 봐. 분명 평소처럼 나왔지? 손을 떼고 봐. 얼굴이 더 못생겨 보이지?"

"어머, 그러네. 정말 우리가 또또 미모에 밀렸구나!"

"그거였더라구!"

눈의 광채가 사라져 버렸지만 또또는 여전히 예뻤다. 어릴 때 모습을 기억하는 나만 또또가 폭삭 늙어 버린 것을 알고 있을 뿐 길에서 보는 사람들은 녀석의 나이를 짐작하지도 못했다.

사람에 비해 또또의 마음은 늘 한결같았다. 어느 날 또또를 걷어차 여러 사람이 보는 데서 나동그라지게 했던 친구와 집 근처 광화문에서 스친 적이 있었다. 길에 사람들이 북적이는 퇴근시간 무렵이라 우리는 인파에 섞여 서로를 알아보지 못하고 지나쳤다. 그런데 한참을 가다 보니 또또가 보이지 않았다. 왔던 길을 되돌아가며 찾다 보니 또또가 저만치에서 한 남자를 올려다보며 따라 걷고 있었는데, 그가 바로 또또를 걷어찼던 소설가였다. 또또는 내 친구인 그에게 인사를 해야 한다는 강박증이 있는 것처럼 보였고, 소설가는 또또가 옆에서 따라가는 것도 모른 채 열심히 팔을 흔들며 특유의 자세로 앞만 보고 가고 있었다. 결국 내가 뛰어가 그를 불러 세웠고, 우리는 또또를 사이에 두고 인사를 나눈 뒤 헤어졌다.

작은 고독

 성형 세계 1위 나라답게 문인들이 성형을 했다는 소문도 가끔 듣게 된다. 우리 집에 한때 자주 왔던 소설가도 성형수술을 했다는 소리가 들리고, 두세 번 우리 집에 온 적 있는 시인도 보톡스를 넣어 얼굴이 팽팽해졌다는 말이 들린다. 사실인지 헛소문인지 모를 그런 소리를 들을 때마다 속으로 '나는 당당하게 늙어 가리라!' 하고 다짐하지만, 쳐진 눈꺼풀이 눈의 반을 가리고 늘어진 볼살이 걸을 때마다 출렁대는 끔찍한 노화 앞에 과연 당당할 수 있을지 아직은 장담하지 못하겠다.
 이런저런 생각으로 땅을 보고 걸을 때면, 길에 까맣게 붙어 있는 껌이 눈에 많이 띈다. 그처럼 누군가가 씹다 길에 뱉은 껌을 보면 늘 또또가 생각난다.

또또는 껌을 무척 좋아했다. 단물만 먹고 뱉는 것도 아니었다. 입에 넣고 질겅질겅 씹어(너무너무 껌을 좋아해서 삼키지 않기 위해서는 혼신의 힘을 다해야만 했다) 단물을 빼낸 뒤엔 그걸 두 앞발로 잡고 국수가락처럼 쭉 늘였다간 후루룩 입속으로 모아 다시 씹었다. 껌이 입속에서 잘 뭉쳐지면 녀석은 다시 앞발로 잡고 쭉 늘렸다. 또또의 앞발엔 껌이 붙고 또 붙어 덩어리진 상태로 남아 있었다. 그게 보기 싫어 껌을 한동안 주지 않으면 녀석은 길에서 껌을 주워 씹었다. '대체 어떤 사람이 저렇게 되도록 씹다 버렸을까?' 싶을 정도로 새카만 껌도 또또는 주워 물고 나한테 뺏기지 않으려 줄행랑을 치곤 했다.

일단 녀석의 입속으로 들어간 껌을 뺏기란 쉽지 않았다. 나는 또또를 길에 세워 놓고 녀석의 눈높이에다 내 얼굴을 대고 끝없이 호통을 쳐야만 했다. 그런다고 순순히 껌을 뱉지도 않았다. 지나가던 사람들이 걸음을 멈추고 우리를 구경했고, 우리가 있는 길거리 쪽 아파트의 창문이 열리는 날도 있었다. 그렇게 야단쳐도 녀석은 입을 굳게 다물고 마치 내가 잘못 봤다는 듯 능청을 떨었다.

껌을 뺏기 위해 강제로 입을 벌리다 '아차, 내가 잘못 봤구나!' 할 때도 많았다. 녀석이 내게 들켰다고 생각되는 순간 뺏기지 않으려 껌을 삼켜 버렸다고 생각될 때도 있었다. 그래서 다시 걷다 보면 녀석은 슬그머니 뒤로 저시며 또 껌을 씹고 있었다. 감쪽같이 속은 것이 분해 더 심하게 다그치며 입을 벌리면, 정말 이상하게도 껌은 또 보이지 않았다. 나중에야 녀석이 혀 밑에다 껌을 숨겼다가 다시 씹는다는 것을 알았다.

　아예 껌을 몇 통 사 놓고 줘도 우리는 길에서 실랑이를 하곤 했다. 껌 때문에 한 마지막 실랑이는 조금 슬펐다. 그날 산책 뒤 씻겨 방에 들여놓자마자 또또가 뭔가를 씹고 있었다. 안 보는 척하며 살펴보니 녀석의 입에는 또 새카만 껌이 들어 있었다. 껌을 씹느라 혓바닥이 입천장에 부딪히는 쩝쩝 하는 요란한 소리까지 났다. 입안에 물고 있는 껌이 너무도 새카만 균 덩어리라 나는 정말로 분기탱천했다. 또또가 길에서 껌을 주워 씹지 않은 지 꽤 되었고, 새 껌에도 관심을 보이지 않은 지 제법 되었기 때문에 방심하고 있다가 생긴 일이라 더욱 그랬던 것도 같다. 그래도 처음에 나는 껌을 뱉으라고 좋게 말했다. 녀석은 당연히 내 말을 듣지 않았다. 이번엔 좀 봐 달라는 듯한 표정을 지으며 물끄러미 나를 바라보는 녀석의 눈엔 눈물까지 맺혀 껌에 대한 욕구가 더욱 강해 보였다. 그래도 입에 든 것이 워낙 새카만 껌이라 나는 포기할 수 없었고, 녀석은 고개를 푹 숙인 채 가만히 있었다. 마지막에 내가 포기할 수밖에 없었던 것은 눈가에 그렁그렁 맺힌 눈물이 얼굴을 적시고 턱까지 내려왔기 때문이었다. 내가 포기하자 녀석은 다시 쩝쩝거리며 껌을 씹기 시작했다. 그렇게 좋다면 나도 어쩔 수 없었.

　그날 씹었던 껌의 실체를 알았던 것은 다음 날 청소할 때였다. 또또가 오래도록 앉아 눈물을 머금고 껌을 씹었던 자리에 새카만 껌이 떨어져 있었다. 내가 그렇게 질색하니까 씹긴 하되 삼키지는 않았다고 생각했는데, 치우려고 보니 그것은 껌이 아닌 또또의 썩은 어금니였다. 녀석은 혀로 이를 계속 흔들어 썩은 이를 혼자 뽑아냈던 것이다. 외부로부터 오는 폭력에만 엄청난 공포를 느꼈을 뿐이지 또또는 제 몸 안에서 일어나는 고통쯤은 스스로 해결하며 조용히 감당하고 있었다. 그것은 럭키가 치통으로 갑자기 비명을 지르는 바람에 옆에 있던 내가 수도 없이 심장에 금이 가는 듯한 충격을 받았던 것과는 비교되는 모습이었다. 또또는 그날을 시작으로 새카맣게 썩은 이빨을 하나하나 제 힘으로 뺐다. 그것을 보자 또또가 아플 때마다 병원에 가서 병을 더 악화시켰을지도 모른다는 자책이 더욱 강하게 들었다. 또또에게 병원과 수의사는 폭력을 가하는 장소와 대상이었고, 치료를 받고 돌아온 녀석은 병원에 가기 전보다 아파 보일 때도 있었다.

또또의 마지막 겨울, 어쩔 수 없이 우리의 소통에 한계가 있었음을 다시 한 번 깨달았다. 그날 나는 친한 친구가 끓여다 준 호박죽을 먹고 있었다. 단호박으로 끓인 노란 호박죽은 내가 가장 좋아하는 음식인데, 그걸 아는 친구가 마음먹고 맛있게 끓여다 준 것이었다. 나는 그 호박죽을 가까이에 사는 아픈 이웃에게만 조금 나눠 준 뒤 날마다 아침저녁으로 덜어 먹고 있었다. 내 생각에 나만큼 호박죽을 좋아하는 사람은 없었고, 끓여 준 사람의 성의를 생각해서라도 나는 정성껏 먹어야만 했다.

그날, 또또가 나를 보며 어떤 의지를 보였다. 이미 산책을 했기 때문에 밖으로 나가고 싶어 할 리는 없었다. 어릴 때부터 적극적인 행동을 통해 내게서 커피를 얻어먹고 있는 녀석이었지만, 갑자기 호박죽을 달라 할 리는 없어 나는 녀석 앞에 계속 다른 것을 갖다 놓았다. 먹고 있던 그릇이 다 비었을 때에야 나는 또또가 호박죽을 먹고 싶어 한다는 사실을 알았다. 그릇에 묻어 있는 것을 싹싹 긁어 제 밥그릇에 담아 주자 녀석은 단숨에 깨끗이 먹어 치웠다. 다행히 냉장고 안에는 한 그릇 정도의 호박죽이 남아 있었다. 나는 그것을 여러 번에 걸쳐 나눠 주었고, 녀석은 신통하게도 행복해 하는 표정으로 싹싹 핥아 먹었다. 나중에 그 이야기를 들은 친구는 하루가 다르게 늙어 가는 또또를 위해서도 호박죽을 한 번 끓여야겠다고 말했다.

  늘 나보다 앞서서 걷던 또또가 뒤에서 걷기 시작한 지도 여러 해가 되었다. 가끔은 지쳐 쉬고 있는 또또가 당연히 따라오고 있겠거니 하고 가다가 텅 빈 길을 보고 놀랄 때도 있었다. 녀석을 찾으며 왔던 길을 뛰어가다 보면, 녀석은 온 힘을 다해 내가 사라진 길을 한 걸음 한 걸음 걸어오고 있었다. 그때마다 미안해 안아 주려고 해도 또또는 싫다고 했다. 저를 챙기지 않고 가 버린 내가 미워서 그런 것은 아닌 듯했다. 오히려 또또는 늙으면서 잘 수양이 된 것처럼 순해져 있었다. 단지 녀석은 독립적으로 살고 싶어 했다.
  오래도록 같이 사는 동안 또또가 내 일을 방해한 적은 한 번도 없었다. 게다가 녀석은 자신을 데리고 이사한 나를 세상에서 가장 힘센 사람이라고 철썩같이 믿고 있었다. 그러면서도 내게 비굴한 모습을 보이지 않는 녀석의 자존감을 지켜주려고 나는 점점 노력했다. 돌이켜 보면 녀석이 내 품안으로 뛰어들며 하던 일을 방해했던 때는 천둥 번개가 요란하던 사나운 여름날뿐이었다.

우리는 닮았다

　시 쓰는 한 친구는 만날 때마다 내게 뭐든 주려고 한다. 그녀의 형편이 어려운 건 세상이 다 아는데, 그녀는 내 형편이 더 어렵다고 생각하고 있다. 더 주려는 그녀와 안 받으려는 내가 밀고 당기다 못해 화를 내는 모습을 모르는 사람들이 보면, 불구대천지원수가 외나무다리에서 마주친 줄 알 것 같다. 식당에서도 찻집에서도 우리는 표면적으로는 조용히 앉아 있지만 '이번엔 내가 계산해야 할 텐데…' 하는 생각으로 결코 느긋하지 않다. 그런 일이 끝없이 반복되어 이젠 짜증스럽고 신경질이 난다. 그런데도 우리가 만났다 헤어질 때의 모습은 변하지 않는다.
　서로의 형편을 너무도 잘 아는 탓에 남의 시선을 의식할 여유도 없는 우리의 행동은 나날이 발전했다. 늦은 밤 헤어질 때면 친구는 내가 택시에 오르는 것에 무심한 척하며 저만치 뚝 떨어져 있곤 한다. 그러다 택시가 출발하려고 하는 절묘한 타이밍에 택시 문을 열어젖혀 어느 틈에 손에 쥐고 있던 돈을 집어던지곤 뒤로 물러서며 "아, 됐다!" 하는 표정을 짓는다. 나도 많이 발전해서 그녀가 절대로 택시 문을 다시 열 수 없는 더 절묘한 순간에 돈을 집어 그녀한테 던져 준다. 힘으로는 그녀를 이기지 못하지만 타이밍에 있어선 나도 뒤지지 않는다.

그 친구가 전화해서 미국에 사는 가까운 사람에게 보낼 멸치볶음을 좀 만들어 달라고 했다. 언젠가 우리 집에 왔을 때 내가 줬으나 떨떠름한 표정으로 받아 갔던 멸치볶음이 나중에 먹어 보니 그렇게 맛있었다면서. 그때와 똑같은 맛을 낼 수 있을지는 다음 문제이고, 당장은 집에 멸치가 없어 며칠 뒤에 만들어 주겠다고 말했다. 그때와 같은 맛을 내려면 먼저 맛있는 멸치부터 구해야만 했다. 최상의 멸치를 구할 수 없다면 나는 통영항으로 가서 멸치잡이 어선을 기다릴 수도 있을 것 같았다. 일찍이 그녀는 나를 따라간 병원에서 적지 않은 또또 치료비를 내준 적도 있는 고마운 사람이니까.

생각해 보니 마침 아버지 집 냉장고에는 선물로 받은 멸치가 있었다. 그걸 싹 쓸어 오면 얇은 내 지갑을 열지 않아도 돼 좋았다.

멸치 생각을 하다 보니 그녀가 나를 놀렸던 일이 생각났다. 어느 날 또또에게 멸치 서너 마리를 던져 주는 것을 보고 있던 그녀가 말했다.

"청와대에 진상해야 할 멸치를 또또에게 먹이네!"

어디에서나 쉽게 살 수 있는 멸치가 대통령 밥상에도 올라가는지는 모르겠지만, 그녀 특유의 유머라 우리는 한동안 유쾌하게 웃었다. 그 무렵 또또가 멸치를 먹기 시작했다. 기껏 몇 마리를 먹었을 뿐이지만, 그때 멸치는 또또의 중요한 에너지원이었다.

그때의 어느 날이었다. 옆집 친구가 우리 집에 왔다가 방에 있던 멸치 봉지를 풀어서 먹기 시작했다. 가을 햇살이 우리가 있는 방 깊이 들어와 무척 포근하게 느껴지던 날이었다. 또또도 우리 곁으로 와 멸치를 먹겠다고 했고, 나는 얼른 서너 마리를 던져 줬다. 또또는 맛을 음미하는 것처럼 천천히 먹었다. 그걸 보고 있던 옆집 친구가 몸통을 떼어 먹은 뒤 머리를 또또에게 던져 줬다. 머리를 하나 받아 먹고 난 뒤 또또는 우리를 물끄러미 쳐다볼 뿐 더 이상 주는 것을 먹지 않았다. 옆집 친구가 말했다.

"괜찮아, 또또야. 먹는 거야. 어서 먹어!"

또또는 아무리 먹으라고 해도 더 이상 앞에 놓인 멸치 머리를 먹지 않았다. 대신 내가 준 멸치의 머리를 떼어 내고 먹기 시작했다. 머리가 먼저 입속으로 들어가면, 뱉아 꼬리부터 물고 머리를 떼어 내고 먹었다. 우리는 하도 기가 막혀 처음엔 헛웃음을 웃다 나중에는 배를 잡고 구르며 웃었다. 녀석이 실수로 한두 번 머리를 떼어 내고 먹은 게 아니었기 때문이다. 옆집 친구가 "야, 야, 그러지 마. 나도 머리 먹는단 말이야! 이것 봐!" 하며 통째로 먹는 모습을 보여준 뒤 녀석은 마지못해 못내 섭섭하다는 표정을 지으며 머리까지 먹기 시작했다. 혀를 내두르며 친구가 말했다.

"얘는 머리가 너무 좋아 병이 난 거야!"

나도 그렇게 생각되었다. 높은 지능이 때로 사는 데 도움이 안 될 때도 있는데, 이 땅에서 잡견으로 태어난 암캐 또또가 딱 그 경우였다. 아무튼 그즈음 나는 가끔 짜지 않은 멸치를 찾곤 했다. 그것을 안 친구들이 "청와대 진상급 멸치를 똥개에게 준다"고 비아냥거렸다. 그들 말대로라면, 또또는 평생 반 봉지 정도의 청와대 진상급 멸치를 먹었다. 기억 속 또또는 늘 아무것도 먹지 않았던 것 같은데 그나마 먹었다는 것이 좀 위안이 된다.

또또가 거의 먹지 않았다고 말하다 보면, 세상을 떠날 때까지 내가 거의 먹지 않는다고 걱정했던 나의 어머니가 생각난다. 집을 떠난 뒤로 폭식하는 버릇이 생긴 나를 어머니도 굶다시피 산다며 걱정하곤 했다. 그것은 내가 성장기에 거의 먹지 않아 각인된 인상 때문이었다. "아니야, 엄마. 나 요즘 엄청 먹어. 남들 두 배는 넘게 먹을걸!" 하고 수백 번을 말해도 어머니에게 나는 늘 너무도 조금만 먹는 딸이었다.

나는 가끔 어머니 병실에서 간병인과 같이 식사할 때가 있었다. 그때마다 혼자 살며 제때 먹지 않아 늘 허기증을 느끼던 나는 밥 한 그릇을 다 먹고 나서 후식까지 다른 사람보다 더 먹었다. 간병인은 늘 내가 많이 먹는 것을 보고 있는 사람인데, 어머니는 그녀에게까지 내가 너무 안 먹어 걱정이라는 낯 뜨거운 말을 하곤 했다.

어떤 의사는 어머니와 내 얼굴을 번갈아 보며 "딸만 주지 말고 뭐든 많이 드세요"라고 말했다. 그때도 어머니는 "우리 딸은 통 안 먹는데도 살이 찌는 게 이상해요"라고 해 민망할 때가 한두 번이 아니었다. 병원 대기실에서 기다릴 때 다른 환자나 보호자 들이 "딸은 엄마랑 하나도 안 닮았네요"라고 하면, 나는 그 다음 듣게 될 말을 이미 알고 있었다. 예상대로 어머니는 내가 아주 조금밖에 안 먹는데 아무래도 스트레스 때문에 몸이 붓는 것 같다고 말해 나를 무안하게 만들었다. 내가 이 이야기를 길게 하는 것은, 이미 잘 먹고 있는 또또에게 나도 그런 마음을 가지고 있었던 것은 아닐까, 생각되기 때문이다.

또또는 가끔 사람 입에서 헉 소리가 나도록 대담한 행동을 하기도 했다.

우리 이웃에는 카드놀이를 할 줄 아는 사람이 몇 있었다. 우리가 모여 재미로 훌라 게임을 시작하면 끝내기가 쉽지 않았다. 깊은 우울증에 빠져 있는 한 사람을 위로하기 위한 놀이였기 때문에 끝내는 시간을 정하는 것은 그녀의 권한이다시피 했기 때문이다. 그런데다 카드놀이만 하면 그녀가 믿어지지 않을 정도로 생기를 띠며 집중하는 바람에 차마 그만하자고 말할 수가 없었다.

그녀와 카드놀이를 하던 어느 날이었다. 또또가 그만하고 가자며 나를 채근했다. 어디서든 나만 옆에 있으면 되는 또또로서는 참을 만큼 참았다 보이는 행동이었다. 마음 같아서는 나도 당장 그 담배연기

자욱한 방에서 탈출하고 싶었지만 또또를 달래며 "이제 곧 끝나, 다 됐어"라는 말만 계속했다. 다시 얼마쯤 시간이 흐른 뒤였다. 또또가 한숨을 폭 쉬더니 카드가 펼쳐져 있는 탁자 위로 뛰어 올라갔다. 그전에도 그 후에도 볼 수 없었던 단호하고 발칙하고 귀엽기까지 한 녀석의 모습이었다. 누군가가 얼른 또또를 탁자 아래로 들어 내리고 아직은 헝클어지지 않은 카드를 정리하며 소리쳤다.

"이제 정말 곧 끝나!"

그 뒤에도 우리의 놀이는 끝나지 않았다. 그러자 또또가 다시 탁자 위로 뛰어올라 더 굳센 표정으로 카드를 깔고 앉은 채 움직이려 하지 않았다. 승리가 눈앞인 친구가 다시 또또를 탁자 아래로 들어 내리다 말고 자지러졌다. 우리는 믿어지지 않는 또또의 행동에 놀란 눈을 마주치며 웃느라 숨을 쉴 수 없었다. 작심하고 하는 개의 행동이 정말로 예사로 보이지 않았고, 신기하고 우스웠다. 그랬음에도 우리의 카드 놀이는 끝나지 않았다. 또또만큼이나 나도 그 시간이 지루했지만, 치유 차원의 봉사라고 생각해 꾹 참고 있었다. 그때 또또가 다시 호흡을 조절하며 탁자 위를 노려보기 시작했다. 그러곤 뒤로 한 발 물러서더니 도움닫기판을 디딘 것처럼 뛰어 다시 탁자 위에 올라앉았다. 세 번째는 앞의 두 번보다 훨씬 강한 의지를 보였다. 우리가 녀석을 들어 내리려 하자 이번엔 어림없다는 듯 엉덩이로 카드를 뭉개 뒤섞기까지 했다. 우리가 안 된다며 일제히 비명을 지르자 녀석은 더 재빨리 엉덩이를 좌우로 움직여 절대로 복구할 수 없도록 만들어 버렸다.

개를 기르다 보면 '사람 같다!'는 느낌이 들 때가 가끔 있는데, 또또는 그런 느낌이 훨씬 강했고 더 잦았다. 어느 때는 '하는 행동이 나랑 똑같네!'라는 생각이 들 때도 있었다. 그래서 무속에서는 그 집에 들어오는 개는 그 집의 조상이라는 황당한 말을 하는 것도 같다. 정말로 우리가 이성으로 납득하지 못하는 윤회라는 것이 있다면 또또는 분명 전생에 사람이었거나 내세에 사람이 될 개처럼 보였다.

아름다운 이웃

외출했다 돌아오다 우리 골목 입구에서 눈에 익은 모녀를 만났다. 그들이 먼저 또또 안부를 묻지 않았다면 눈이 나쁜 나는 마스크까지 쓴 그들, 특히 엄마를 알아볼 리 없었다.

그들은 지금 내가 사는 한옥이 있는 골목에서 살았다. 길가에 있는 그 집으로 이사오자마자 그들은 눈에 띄게 존재감을 드러냈다. 집 앞에다 온갖 화초를 키워 오가는 사람들이 볼 수 있도록 배려했던 것이다. 크고 작은 화분은 물론 일회 용기에 담긴 식물들마저도 기적을 이룬 듯 풍성하고 아름다웠다. 나는 지나다니며 그들이 키운 화초를 보다 말고 사진으로 찍어 친구들에게 보내 주기도 했다.

가끔 꽃을 보느라 멈춰 있을 때면 집 안에서 흘러나오는 이야기가 들리기도 했다. 그중에는 아픈 개를 걱정하는 그들의 대화도 섞여 있었다. 남의 이야기를 엿듣는다는 생각을 하지 않고 마음껏 꽃을 볼 수 있는 시간은 그들이 현관문을 열어 놓고 있을 때였다.

그들이 키우는 개는 하얀 마르티스였다. 개는 늘 실내에 묶여 있었다. 화초는 집 앞에 내다 놓고 키우면서 움직임이 많은 개는 늘 묶어 두는 것이 처음엔 이상하게 여겨졌다. 조금 지난 뒤에야 또또에게 문제가 있음을 알아채고 말을 걸어온 엄마를 통해 개를 왜 묶어 놓는지 알았다. 간질이 심해 발작을 할 때마다 혀가 조금씩 잘려 나갔다는 그들의 개는 우리 동네로 이사 올 무렵엔 혀뿌리밖에 남아 있지 않았다. 개를 묶어 놓은 것은 발작 때 재빨리 대처하기 위해서였다. 발작이 잦은 그 개는 늘 신경이 곤두서 있었고, 지쳐 보였다. 가끔 개를 안고 같이 산책하는 부부 옆엔 아들과 딸도 보였다.

한번은 그런 개와 같이 사는 사람도 나만큼이나 힘들겠다는 생각에, 그 집 개가 무엇을 잘 먹는지 물어보았다. 무엇이든 한 번쯤 실컷 먹도록 사 줄 생각이었는데, 뜻밖에도 개가 발작 뒤에 인절미를 먹고 회복된다고 했다. 또또가 야채와 커피와 땅콩과 껌을 좋아하는 것만큼이나 이상한 개의 기호식품이었다.

그 개를 다시 볼 수 없게 된 것은 그들이 내가 또또를 만났던 개량 한옥 앞 연립주택으로 이사했기 때문이다. 이사를 해서도 우리는 직선으로 100여 미터 거리에 살았지만 서로의 활동 시간대가 틀려 개도 주인도 볼 수 없었다.

그들이 살던 집으로 이사 온 사람들도 집 앞과 집 옆 공터에 뭔가를 잔뜩 심었지만 화초가 아닌 당장 밥상에 올릴 푸성귀였다. 상추 가지 토마토 부추 치커리 케일 고추 등이 계절에 맞춰 무럭무럭 자랐지만 그들이 살 때와는 완전히 분위기가 달랐다. 새로 이사 온 사람들은 누가 그걸 훔쳐 갈까 봐 늘 신경을 썼고, 눈길이 닿지 않는 곳엔 그물을 씌워 철저히 관리했다.

오랜만에 만난 모녀와 안부를 주고받은 뒤 그들의 개가 얼마전 죽었다는 말을 들었다. 그때 엄마는 배낭을 메고 있었는데, 화장한 개의 유골이 거기 들어 있다고 했다.

"내 마음 편하려고 한 달만 이렇게 데리고 다니려고 해요."

그 마음을 이해할 수 있는 내가 말했다.

"그렇게 하세요. 좀 위안이 될 거예요."

"늘 집 안에 묶어 뒀던 게 너무 미안해서…. 다 내 마음 편하자고 이러는 거지요."

나는 이름도 모르는 그 개의 마지막이 어땠는지 궁금했다.

"그 녀석, 갈 때는 편했나요?"

"힘들었어요. 입으로 계속 피를 쏟으면서도 아들을 보고 가려고 눈물 나게 버티더군요."

"…."

"버티고 버티다 아들이 와서 부르자 한참을 바라보다가 숨을 거뒀어요."

내가 기억하는 그녀의 아들은 사회복지 시설에서 일하는 희생정신이 몸에 밴 따뜻한 청년이다. 네 식구가 개를 안고 천천히 걸어가는 모습을 먼발치에서 바라보면서 나는 그들의 구심점이 서로에 대한 깊은 연민일 거라고 마음대로 짐작한 적도 있었다.

개의 생김새와 개를 기르는 사람의 성격이 비슷해 신기할 때가 한두 번이 아니다. 외모가 풍기는 분위기와 식성도 비슷한 경우가 많다.

이 집으로 이사 오기 전, 개량한옥에 살 때였다. 잠깐 우리 집에 들어와 있던 또또가 내 다리에 매달리며 강한 의사 표시를 했다. 나는 그때 원두커피를 마시고 있었기 때문에 또또가 커피를 원한다곤 상상도 못했다. 그날 또또는 커피를 얻어 먹지 못했다. 그 뒤에도 가끔 그런 일이 있었고, 드디어 나는 알아차렸고, 또또는 커피를 마셨다. 그 뒤부터 또또는 내가 커피를 마시면 '조금은 남겨 주겠지' 하는 표정으로 나를 쳐다보고 있었다. 반드시 남겨 주려고 했음에도 개가 워낙 조용히 있는 바람에 깜빡 잊고 다 마셔 버렸다간 실망해서 폭폭 내쉬는 녀석의 한숨소리를 들어야만 했다. 녀석이 밤새도록 그렇게 한숨을 쉬며 안 잘 것 같아 다시 커피를 끓인 적도 있었다.

또또가 아파 잘 걸을 수 없을 때면 우리는 산책하다 쉴 겸 가끔 밖에서 커피를 마셨다. 날씨가 좋으면 카페 밖에 내놓은 자리에 앉아 한 잔의 커피를 나눠 마시기도 했다. 녀석이 카페라떼를 좋아했기 때문에 또또와 같이 커피를 마실 때면 나는 늘 카페라떼를 주문했다. 우리를 기억하는 종업원도 가끔 있어서 손님이 없으면 안으로 들어와 편히 앉아 마시라는 말을 하기도 했다. 또또는 그들에게 답례하듯 늘 얌전했다.

그처럼 다른 개에 비해 월등히 얌전했지만, 또또도 남의 공간에서 활개를 칠 때가 있었다. 가난한 나를 만나 평생 좁은 공간에서 답답하게 살았기 때문인지 또또는 늘 넓은 곳에 가면 편안해 보였다. 특히 그 집에 사는 사람이 개를 좋아할 때 또또는 한층 생기를 띠었다. 현관 앞에서 내 배낭을 보고 "어머, 개도 왔네!"라고 반기는 사람이 있으면 녀석은 재깍 고개를 쑥 내밀며 눈을 반짝거렸다. 집에 들어가선 방과 화장실까지 둘러보며 자박자박 걸어 다녔다. 반대로 주인이 반기지 않는 눈치면 그 집에서 나올 때까지 배낭 밖으로 고개 한 번 내밀지 않았다. 녀석은 몸을 잔뜩 웅크린 그 상태로 버둥대지도 않고 몇 시간이든 있었다. 놀랍게도 또또는 내게 약간 저자세인 사람도 금세 알아봤다. 정말로 신통한 동물적 본능이었다.

그런 또또를 데리고 마지막으로 여행을 간 곳은 선암사였다. 늙은 또또를 데리고 먼 그곳으로 여행할 마음을 먹을 수 있었던 것은, 우리가 이미 셀 수 없을 정도로 여행을 한 적이 있고, 일찍이 그보다 더 먼 곳도 가 봤기 때문이었다. 그리고 또 하나, 네 명이 함께하는 여행이라 차를 가지고 갈 것이라 생각했기 때문에 또또가 편히 앉을 자리쯤은 있을 거라고 믿었다.

나는 그것이 또또와의 마지막 여행이 될 것임을 알았다. 그 무렵 늙은 또또는 혼이 빠진 듯 잠을 잘 때가 많았고, 비명을 지르거나 가위에 눌려 허덕거리다가도 체력이 바닥난 것처럼 곧 다시 곯아떨어지곤 했다. 여전히 밖에 데리고 나가면 제 힘으로 걸었지만, 이미 또또에게 예전의 생기란 없었다. 그래서 선암사에서 비로암으로 가는 길을 걸을 때는 그 여행이 우리의 마지막 여행일 거라는 생각으로 마음이 무거웠다.

그때 또또는 믿어지지 않을 만큼 나와 보조를 맞춰 나란히 걸었다. 가끔은 나보다 앞에서 생기 있게 걷기도 했다. 하지만 그 길은 국립공원에 속해 있어 개를 데리고 갈 수 없었기 때문에 나는 자주 또또를 안거나 배낭 속에 집어넣었다. 돌이켜 보면 그때만큼 내려다보이는 또또의 등이 슬프고 애틋해 보인 적도 없었던 것 같다.

그렇게 그 길을 걸어 비로암에 도착했을 때 마애불 앞에는 엄청나게 큰 개가 턱하니 앉아 있었다. 썰매를 끄는 시베리안허스키보다 큰 책에서도 본 적 없는 그 개의 품종이 무엇인지는 모르지만, 개 주인의 권력이 개를 통해 그대로 느껴졌다. 그곳까지 개를 데리고 온 사람도 개도 너무도 당당했고, 나처럼 법을 따져 가며 다른 사람 눈치를 보지도 않았다. 영향력깨나 행사하고 있을 그 절의 신도가 데리고 왔을지도 모를 개는 심지어 오만해 보이기까지 했다. 늘 좁은 집에서 내 발에 밟히지 않기 위해 신경을 쓰며 산 또또에게선 한 번도 본 적 없는 표정이었다.

개의 유골을 지고 다니던 이웃은 가여운 개를 끝까지 돌보느라 힘들었겠지만, 그들이 그 개를 통해 얻었을 위안은 그 녀석을 잃은 슬픔을 상쇄하고도 남았을 것이다. 개들은 정말이지 인간의 속된 감정을 정화시키는 데 더없이 좋은 존재이다. 인간에게서는 쉽게 느낄 수 없는 그들의 순정과 순수함이 주는 위로에 매혹되면, 개와 살면 일생이 평화로울 것 같다는 생각이 들기도 한다. 그렇기 때문에 나는 혼자 사는 젊은이가 개와 너무 밀착되어 생활하는 것을 조금은 불안한 시선으로 바리보게 된다. 세상을 알 만큼 아는 나이 든 독신들이 그렇게 지내는 것도 조심해야 할 것 같다. 같이 살고 있는 개에게서 얻는 정서적 위안과 평화를 변덕스러운 인간관계에서는 쉽게 느낄 수 없어 그들에게 다시는 이성을 만날 기회가 생기지 않을 수도 있기 때문이다.

모든 것에는 끝이 있다

내가 아파 침상에도 못 올라가고 방바닥에 누워 있으면, 또또는 가만히 내 옆에 와 눕곤 했다. 녀석의 숨소리에 맞춰 규칙적으로 호흡을 하다 보면 나도 모르는 사이 잠이 들었고, 깰 때마다 조금씩 회복되는 것이 느껴졌다. 그런 또또 입에서 자꾸 누런 가래가 흘러내렸다. 얼른 닦아 주지 않으면 호흡이 힘들어 보이기도 했다.

또또가 죽은 원인은 자궁에서부터 시작된 염증이었다. 언젠가 아버지 집에 갔을 때 곁눈으로 시청하던 드라마에서 큰 역할을 맡은 남자가 염증 수치가 높아 쓰러지는 것을 본 적 있다. 기록적인 시청률을 올렸다는 드라마라 집에 있는 시간이 많은 아버지까지도 보고 있는 것 같았다. 드라마 속 의사가 염증이 심하면 고통이 크다는 말을 했고,

그가 쓰러지기 전엔 무척 괴로워하는 영상도 있었다.

 아마 또또도 무척 아팠을 것이다. 그런데도 또또는 의식을 놓기 직전까지 나와 같이 걸어 산책을 했다. 나는 고작 녀석의 털을 적시는 눈물을 자주 닦아 줬을 뿐이다. 우리가 인왕산 아래로 난 길을 걸어 마지막 산책을 하던 그날 저녁도 녀석은 당당히 제 힘으로 걸었다. 주택가로 접어든 가파른 비탈길 앞에서 또또는 잠깐 겁을 냈다. 그걸 보고 내가 안아 주려고 하자 녀석은 싫다고 했다. 그 길은 지나다니는 사람이면 누구나 한두 번은 나뒹그러졌을 정도로 경사가 심해 나는 강제로 또또를 안았다 평지에서 내려 주었다. 그날이 작년 6월 19일이었다.

 다음 날인 20일 아침 또또는 산책을 하려고 하지 않았다. 먹는 것보다 밖으로 나가 걷는 것을 훨씬 좋아하는 녀석으로서는 아주 드문 일이었다. 그날 저녁 녀석은 속을 다 게워 냈다. 스트레스를 받거나 자신의 한계를 넘는 일이 있으면 토하곤 하던 녀석이라 나는 곧 그 빛나는 자생력으로 회복될 수 있으리라 생각했다. 내 짐작이 틀리지 않다는 듯 또또는 속을 다 비운 뒤 마냥 조용히 누워 있었다. 가끔 나를 힘없는 눈빛으로 쳐다보긴 했지만 다른 날과 다른 고통 속에 있다는 것은 느껴지지 않았다. 또또가 엄청난 고름을 소변 통로를 통해 쏟아 낸 것은 그날 밤이었다. 그 걸쭉한 고름을 보는 순간 피할 수 없는 일이 눈앞에 닥쳤음을 직감했다. 의료 상식이 없는 나였지만 그런 고름을 가라앉힐 약이 이 세상에 있을 거라고 생각되지 않았다.

 사람과 마찬가지로 개도 성향이 다 다른데, 또또의 특징을 꼽으라면 '극도의 예민함'과 '개로서는 가져선 안 될 자존심'을 가졌던 개로 요약할 수 있을 것 같다. 그 두 가지 성향을 잘 드러내는 증세가 청결함이었다. 또또는 더러운 것을 아주 싫어했다. 녀석은 고름을 계속 쏟으며 죽어 가면서도 당황하는 내게 씻겨 달라고 했다. 처음에 나는 살균 비누로 녀석을 씻겼다. 녀석의 몸에 얼마나 많은 고름이 차 있는지 씻겨도 씻겨도 고름이 쏟아져 나왔다. 그쯤되면 털이 고름에 젖든 말든 의식하지 않을 만도 한데, 축 늘어진 또또는 여전히 씻겨 달라고 했다. 씻기기 위해 안으면 안심하는 또또의 가녀린 숨결이 얼굴에 닿았다. 나중엔 살균 비누가 나를 위한 것임을 깨닫고 물로만 씻겼다. 6월 21일 하루가 그렇게 지나갔다.

 6월 22일엔 더 이상 고름이 쏟아지지 않았다. 너무도 조용히 우리의 이별이 눈앞에 와 있었다. 나는 내 책을 통해 알게 된 한 스님에게 문자를 보냈다. 또또가 편히 갈 수 있도록 돕는 기도가 있으면 좀 해달라는 내용의 부탁이었다. 세상의 모든 기도가 사람을 위한 것이고, 그나마 헛되다 하더라도 나는 그렇게 할 수밖에 없었다. 나는 이제 또또를 위해 아무것도 할 수 없는 순간을 맞고 있었다.

 내가 믿고 의존해 온 종교엔 동물에 대한 온정이 적었다. 그러나 불교에선 동물을 위한 기도를 해줄 수 있을 거라는 믿음이 있었다. 몇 해 전 자주 갔던 경주 남산에서 누군가가 개를 위해 49제를 지냈다는 말을 들은 적도 있었다. 또또를 본 적 있는 스님은 그렇게 해주겠다는 답 문자를 보내왔다. 죽어가는 또또를 바라볼 수밖에 없는 내겐 위안이 되었다.

통증 때문인지 또또 눈엔 계속 눈물이 맺혔다. 하지만 녀석은 마냥 조용히 책상 아래 엎드려 있었다. 평소엔 제 방석이 깔려 있는 안쪽 방에서 거의 지냈는데 내 움직임이 잘 보이는 방의 책상 아래 있기를 고집했다. 더 편히 있으라고 천을 늘어뜨려 어둡게 해주면, 힘들게 기어나와 내 시선 안으로 들어왔다.

오후에 나는 또또를 집에 둔 채 경복궁역 근처에 있는 동물병원으로 갔다. 그곳은 또또가 다니던 병원이 아닌 럭키가 다니는 병원이었다. 거기서 안락사에 대해 문의하자 병원 직원과 수의사는 엄한 목소리로 안락사를 시켜 줄 수 없다고 단호하게 말했다. 복잡한 심정으로 갔던 그곳에서 나는 맥이 다 풀렸다. 평소 또또가 다니던 병원으로 갈 수도 있었지만 그곳은 늘 또또에게 고통을 줬던 장소라 내키지가 않았다.

"그럼 우리 개는 그 고통을 다 겪으며 숨이 멎을 때까지 기다려야 하나요?"

꽉 막힌 내 목소리가 슬픔으로 떨렸다. 그런 나를 가만히 바라보던 수의사가 일단 개를 한 번 데리고 와 보라고 했다. 그의 말은 거의 승낙한 것과 마찬가지였다. 또또를 보면 그도 내 판단이 옳다고 생각하지 않을 수 없었다.

나는 집으로 돌아가 또 씻겨 달라고 하는 또또를 다시 씻긴 뒤 안고 집을 나섰다. 녀석을 안고 우리가 늘 산책을 했던 집 근처를 천천히 걸었다. 힘없이 축 늘어진 또또가 마지막으로 그 풍경을 보고 있었다. 녀석이 비오기 전 속을 비우기 위해 강아지풀을 뜯어 먹던 갤럽 빌딩 뒤 풀밭과, 길 건너 배화여대 근처로 이사 간 럭키가 모습을 나타내기를 기다리던 지하도 입구에서 나는 잠깐 걸음을 멈추고 서있었다. 그러곤 우리가 늘 산책을 마치고 돌아오던 길을 걸어 집으로 오며 또또에게 말했다.

"또또야, 우리 오늘 씩씩하게 잘하자."

또또는 내 말뜻을 아는지 모르는지 아무 반응이 없었다. 너무도 조용해 또또가 깊은 생각에 잠겨 있는 것처럼 느껴졌다. 이미 몇 년 전부터 그 길에서 나는 뒤처져 걷는 또또를 강제로 잠깐씩 안아 주곤 했다. 그때마다 또또에게 남은 시간이 얼마 없다는 것을 실감했다. 이미 깃털만큼의 부담감도 느껴지지 않는 또또의 귀에 대고 나는 조용히 말하곤 했다.

"또또야. 오래 오래 살아. 나 이젠 너가 하나도 힘들지 않아. 처음부터 너랑 이런 마음으로 살았으면 좋았을 텐데…. 미안해."

그러면 또또는 가장 부드러운 목덜미 털을 내게 대며 가만히 있었다. 또또의 발정기 때마다 찾아오곤 했던 한 수캐는 노화로 앞을 볼 수 없는 상태로 3년을 살았다. 녀석이 한 발짝 옮기는 데 10초는 걸리는 느린 걸음으로 몇 년간 산책하는 것도 봤던 나는 제 발로 걷고 보고 듣는 또또는 최소한 20년은 너끈히 살 줄 알았다. 그런 생각에 잠겨 있을 때 또또를 위한 기도를 부탁했던 스님에게서 문자가 왔다.

"또또를 위해 반야심경을 올리는데 걷잡을 수 없이 눈물이 납니다."

우리의 슬픔을 이해하던 그의 문자는 애써 참고 있던 나의 눈물샘을 건드렸다(그날로부터 14개월이 지나 만났을 때 그는, 자신도 신기하게 여겨졌을 정도로 몰입된 아홉 번의 반야심경을 올린 뒤 그 문자를 보냈다고 했다). 그때 정기점진을 하기 위해 근처 서울대학병원에 와 있던 친구 부부가 전화했다. 또또를 자주 봤고, 또또를 늘 가여워하던 그들에게 이제 또또를 보내야 할 것 같다는 말을 하자 귀가하려던 발길을 돌려 우리 집으로 오겠다고 했다. 곧 친구 부부가 집에 도착했고, 우리는 잠시 또또에게 하려는 일이 옳은지에 대한 의견을 나누었다.

축 늘어진 또또를 안고 동물병원으로 갔다. 몇 시간 전 상담할 때만 해도 안락사를 완강히 거부했던 수의사는 또또의 생명이 다했다고 말했다. 그는 또또가 그날 밤이나 다음 날 아침에는 숨을 거둘 거라는 말과 함께 "지금 아주 많이 아플 것"이라고 했다. 그런 개를 앞에 놓고 안락사에 대한 소신을 지킬 수 없었던지 그는 충분히 시간을 줄 테니 개와 마지막 인사를 하라고 했다. 멍하니 있는 나와는 달리 같이 간 친구는 반야심경을 외우며 또또와 작별인사를 했다.

"또또야, 넌 정말 훌륭한 개였어. 정말 멋있고 착했으니까 아주아주 좋은 곳으로 갈 거야."

언제 우리와 합류했던 것일까. 옆집에 살다가 럭키를 만난 몇 년 뒤 사직대로 건너편으로 이사한 친구도 옆에서 울고 있었다.

나는 그때의 내 모습이 잘 생각나지 않는다. 분명하게 기억되는 건 안락사를 시키기 전에 먼저 놓는 안정제를 내 품에서 맞게 하고 싶었으나 그렇게 하지 못했다는 사실이다. 내가 그렇게 하고 싶다고 하는 말을 수의사는 제대로 듣지 못했거나, 묵살했거나 둘 중 하나였다. 첫 번째 주사를 놓기 위해 진료대 위에 또또를 눕혔을 때 수의사가 했던 말도 생각난다.

"얘가 안간힘을 다해 나를 밀어내네요. 이렇게 상태가 안 좋은데 이런 저항은 정말 엄청난 거예요."

하지만 지켜보는 우리 눈에 또또는 축 늘어진 상태로 아무런 미동도 하지 않고 있었다. 진찰대 위에 누워 있는 또또에게 놓을 마지막 주사를 들고 있는 수의사도, 만일의 사태에 대비해 또또를 잡고 있는 간호사도 울고 있었다. 수의사의 말이 사실이라면, 나는 또또가 더 살고 싶어 그처럼 강한 행동을 했다고는 생각하지 않는다. 또또가 인간으로부터 받은 두려움과 고통이 그만큼 크고 깊었다는 뜻일 뿐. 다시 말해 또또가 마지막에 온 힘을 다해 표현했던 것은 공포감이지 살고자 하는 의지가 아니었을 것이다. 나는 지금까지도 그렇게 믿고 있다. 그것을 마지막으로 녀석에게 더 이상의 공포는 없었다. 살아서 내게 부담이 되기도 했던 또또는 딱 사흘을 아픈 뒤 깔끔하게 떠나갔다. 내게 깃털만큼의 부담감도 주지 않은 근사한 선물과도 같은 마지막 모습이었다. 또또는 정말로 잘 해냈다!

예쁘고 포근하고 상냥하고 사랑스럽던

우리 집을 빙 둘러싸고 있는 집은 모두 여덟 집이다. 얼마 전까지만 해도 그 모든 집에 사람들이 살고 있었다. 재개발이 코앞인 지금은 바로 옆집에만 사람이 살고 있다. 좁은 골목에 사는 세대가 많아 이따금 가슴이 쿵쿵 뛸 정도로 험한 싸움판이 벌어지기도 했던 동네라곤 믿어지지 않는다. 이런 곳에서 또또도 없이 혼자 하루하루 사는 것이 나로선 너무도 무섭다. 무섭지만 당장 이사할 능력도 없어 아예 무서움이라는 것을 모르는 사람처럼 태연하게 살아왔는데, 그마저 한계점에 닿은 것 같다. 어제 친구와 통화 중에 "정말로 너무 무서워!"란 말을 내뱉은 뒤부터 공포가 한 자루의 강냉이처럼 튀겨져 곳곳에서 데굴데굴 구르고 있는 듯하다. 떠날 무렵 또또의 청각은 나보다 둔했는데 살아 있는 녀석의 힘겨운 숨소리도 내겐 힘이 되었나 보다. 시계 초침 소리밖에 들리지 않는 어둠 속에 누워 있으면 자박대는 또또의 발자국 소리와 자세를 바꾸며 돌아눕는 움직임 소리가 아직도 들리는 듯하다.

또또의 한 줌도 안 되는 유골은 우리가 늘 다니던 인왕산 둘레길 옆 소나무 아래 묻혀 있다. 녀석의 뼛가루를 어떻게 해야 할지 생각하고 있을 때 문득 그 장소가 떠올랐다. 우리가 마지막으로 인왕산에 갔던 날, 녀석은 한 소나무 아래 있는 작은 풀숲으로 들어가 나오지를 않았다. 나는 바위에 앉아 기다렸지만, 녀석은 거기다 새살림이라도 차린 것처럼 도무지 움직일 줄 몰랐다. 여러 번 부르던 내 목소리가 단호해졌다.

"이녀석, 너 거기서 뭐해! 냉큼 못 나와!"

그러고 나서도 꿈쩍 않는 녀석에게 나는 몇 번이나 더 소리쳤다.

"너 혼자 두고 간다! 잘 있어!"

잘 있으란 말에 녀석은 나와 사는 내내 겁을 먹었는데, 그날은 통하지도 않았다. 결국 나는 녀석을 강제로 안고 돌아왔다.

바로 그 자리에다 녀석의 뼈를 묻었다. 인왕산과 걷는 것을 좋아하는 나는 또또가 떠난 뒤에도 혼자 그 길을 걸었다. 또또가 있는 곳은 눈이 가장 빨리 녹고, 태풍이 와도 풀잎 하나 꺾이거나 휘지 않았다. 물빠짐도 좋았다. 사람들이 다니는 둘레길 가까이 있지만 눈길이 쉽게 가지 않는 그곳엔 지난봄에 진달래가 흐드러지게 피었다. 가끔은 그 길을 내처 걸어 '윤동주 시인의 언덕'이 있는 자하문까지 가기도 했다. 다른 길로 돌아올 수도 있었지만, 나는 언제나 또또가 있는 곳을 거쳐 왔다. 몇 번 또또가 있는 곳을 무심코 지나쳐 온 적도 있는데, 좋은 징조였다. 그것은 자연스러운 것이었고, 또또가 비운 자리에 새살이 올라오고 있다는 뜻이었으니….

집에서 출발해 그곳까지 갔다가 돌아오는 데는 내 걸음으로 딱 한 시간이 걸린다. 운동하기에 알맞은 거리이다. 가끔은 비가 올 때도 나는 그 길을 걸었다. 비가 오면 우산을 때리는 빗방울 소리가 시끄럽긴 하지만, 오가는 사람들이 없어 좋았다. 눈이 와도 걸었다. 눈이 오면 미끄러워 조심해야 하지만 스카이웨이를 오가는 차들이 통제되고, 사람들도 없어 더욱 조용했다. 일찍 잠이 깼으나 아무것도 할 수 없어 막막한 새벽에도 걸었다. 미명 속의 산은 이미 깨어나 신선한 에너지를 방출하고 있었다. 곧 닥칠 밤이 암담하게 느껴지는 저녁 무렵에도 갔다. 다른 때보다 빠른 걸음으로 걸어갔다 오면, 쉽게 잠들어 깊이 잘 수 있었다. 그처럼 또또가 가고 난 뒤 보낸 시간은 가족이 떠나고 난 뒤 보낸 시간과 크게 다르지 않았다.

또또가 살아 있을 때 개 팔자가 사람인 자신의 팔자보다 낫다며 내 앞에서 신세타령을 하는 이웃들이 많았다. 서울 도심 한복판에 있지만 골판지를 주우며 사는 가난한 사람들이 하는 말이라 그들이 보기엔 날마다 먹고 노는 내게 그것은 고문과도 같았다. 그들은 웃자고 한

뼈 없는 말이었을지 모르지만…. 그래서 극단적인 생각을 한 적도 있었다. 또또가 한 사람의 목숨을 구할 수 있는 약이 된다면 과연 줄 수 있을 것인가, 하는 황당한 생각이었다. 그런 줄 알면서도 어이없게도 나는 그 생각을 여러 번 했다. 정말이지 마주칠 때마다 개를 상대로 팔자타령을 하는 이웃들은 내게 그런 생각을 하게 할 만큼 불편한 존재였다. 게다가 또또는 자주 아파 안고 다닐 때가 많았는데, 등 뒤로 느껴지는 그들의 시선은 따갑다 못해 나사못처럼 뱅뱅 돌며 살에 박히는 듯했다.

분하고 억울할 때도 많았다. 한번은 가사도우미 일을 하는 나이 많은 한 아주머니가 구멍가게 앞에 앉아 있다가 뭔가를 사러 간 나를 보자마자 입을 실룩대며 외쳐 대기 시작했다.

"거기도 개를 안고 다니는 미친년이 있더라고! 아 글쎄, 그 육갑할 년이 개를 포대기에 싸서 가슴에 꼭 안고 있더라니까. 그 병신도 꼴에…."

그녀는 눈의 흰자위가 훤히 드러나도록 나를 힐끔힐끔 올려다보며 앉아 욕을 했다. 하도 기가 막혀 못 들은 척하고 등을 돌리지도 못하는 내게 입에 담지도 못할 욕설이 계속 들려왔다. 그 욕을 그냥 듣고 서 있을 수도 없고, 그런 사람을 상대로 싸울 수도 없어 멍하니 서 있던 날들의 무참했던 마음….

그처럼 입이 험하고 마음이 고르지 못한 사람들이 또또가 죽은 것을 알면 쾌재를 부를 줄 알았다. 그러나 그들은 또또가 사라진 것을 한

동안 모르는 것 같았다. 그런데 아니었다. 또또가 죽은 지 1주일쯤 지났을 때 그날 그 자리에 있었던 한 사람으로부터 위로의 말을 들을 수 있었다.

"아이고, 또또가 죽었다는데…. 뭐라 해야 할지 모르겠어서…."

그들은 알고 있었고, 그것은 진심이 담긴 말이었다. 며칠 뒤엔 구멍가게 앞에 앉아 거칠게 욕을 했던 사람도 내 눈치를 살피며 말했다.

"나는 또또 언니가 걸어가면 저쯤에서 또또가 따라올 텐데 하고 자꾸 찾게 돼."

또또를 영원히 재우던 날. 체온이 채 식지 않은 또또를 안고 병원에서 집으로 돌아왔다. 안고 갈 때도 축 늘어져 있었는데, 녀석은 조금 더 축 처진 느낌이 들었을 뿐 갈 때와 아무런 차이가 느껴지지 않았다. 집에서는 친구 남편이 우리를 기다리고 있었다. 시계를 보니 우리가 마지막 산책을 마치고 왔던 3일 전, 바로 그 시간이었다. 또또를 방에 내려놓고 잠시 앉았다가 친구 부부와 저녁을 먹으러 갔다.

이따금 또또를 배낭에 넣고 가 밥을 먹기도 했던 식당에서 나와 친구를 보낸 뒤 혼자 언덕을 올라왔다. 또또는 집에 누워 있었는데 이상하게도 자꾸 뒤를 돌아보게 되었다. 살아 있는 또또가 열심히 나를 따라오고 있는 것만 같았다.

그사이 또또의 몸은 딱딱하게 굳어 있었다. 나는 마지막으로 녀석을 물수건으로 닦았다. 또또는 방긋 웃고 있었다. 언젠가 큰 소동을 벌이며 수술하기 위해 마취했던 날도 그런 얼굴로 의식을 잃고 있어 좀 안심이 되었는데, 그때보다 표정이 훨씬 부드러워 보였다. 아마도 녀석이 늘 살던 방에 누워 있었기 때문에 든 생각이었을 것이다.

내가 즐겨 입던 하얀 티셔츠로 또또를 싼 뒤 빨아 뒀던 녀석의 방석 커버로 한 번 더 쌌다. 또또를 재우기 전 "정말 너무 야위었군요" 하던 수의사의 말대로 또또는 정말로 종잇장처럼 가벼웠다. 고작 그 무게감에 눌려 오래 사는 녀석을 부담스럽게 느낀 적이 많았다는 사실이 어처구니없었다.

너무 무더운 날이라 염증으로 죽은 또또를 실내에 둘 수 없었다. 자정 무렵 녀석을 종이 상자에 담아 냉장고에다 넣었다.

다음 날 오후, 또또를 화장하는 데까지 태워다 줄 언니의 차를 갤럽빌딩 앞에서 기다렸다. 토요일이라 차가 밀려 나는 오랫동안 길가에 서 있어야만 했다. 셀 수도 없을 만큼 우리를 태워 줄 누군가의 차를 기다렸던 바로 그 장소에서 싸늘한 또또를 안고 서 있는 날이 오게 될 줄이야. 하루 전날, 꼭 그 시간쯤, 나는 살아 있는 또또를 안고 그 근처를 지나가며 말했다.

"또또야, 우리 오늘 씩씩하게 잘하자."

언니와 나는 처음 가는 길을 달려갔다 한 줌도 안 되는 또또의 뼛가루를 가지고 돌아왔다. 또또와 나, 우리는 정말로 잘했다.

나는 또또 때문에 극복한 강박증이 몇 가지 있는데 그중 하나가 안

팎의 구분을 없앴다는 것이다. 어머니가 늘 깔끔하게 집 안을 청소하는 것을 보며 자랐기 때문인지 나는 청소를 하면 창틀까지 물걸레로 말끔하게 닦아야만 직성이 풀렸다. 그것이 진정한 청소라고 생각했기 때문에 사람들이 우리 집에 와서 "먼지 한 톨 없네!"라고 하면 오히려 이상했다. 그래서 개량한옥에 살 때 우리 집에 온 사람들이 또또의 외모에 홀려 녀석을 방에 들여놓으면 더 기겁했다. 작은 방석 위에 녀석을 앉힌 뒤 다리 하나라도 방바닥에 닿으면 버럭 소리를 지르기도 했다. 영리한 녀석은 내가 무엇을 싫어하는지 정확히 알아 발톱 하나 방바닥에 닿지 않으려고 애썼다.

  어느 날 그런 모습이 안쓰러워 다리 하나가 방바닥에 닿는 것을 모른 체해 줬더니 녀석은 곧바로 두 다리를 방석 아래로 내려놓았다. 그 다음엔 머리가, 그 다음엔 상체가 방석 아래로 내려왔다. '이녀석 좀 봐라!' 하는 순간엔 이미 네 발로 걷고 있었다. 그 와중에도 또또는 악화되었고, 우리 집에 들어와 있는 시간이 늘어났다. 그때마다 녀석을 씻기면 몸이 짓무를 판이라 나는 애써 무신경해졌는데, 그것이 나로선 그토록 극복하기 힘들던 안팎의 구분을 없애는 역할을 했다. 그처럼 생활공간 속에서의 경계가 흐릿해지자 의식의 극명하던 경계도 흐릿해졌다. 경계를 쉽게 무너뜨리는 경계장애도 심한 병이지만, 경계가 너무도 분명한 것도 나에겐 일종의 병이었는데, 그걸 극복하자 정신이 한결 자유로워지는 것이 느껴졌다.

  또또를 통해 어릴 때 마루를 잃었던 충격과 상처로부터 벗어날 수도 있었다. 마루를 잃은 것은 내가 기억하는 내 인생 최초의 가장 끔찍한 사건이었다. 그 일은 최근까지 원인도 모른 채 잠복되어 있다 느닷없이 분출되는 아버지에 대한 불신을 갖게 된 시작점이기도 했다. 아버지가 어린 딸에게 변명조차 할 수 없었던 그때 이야기를 뒤늦게 꺼냈을 때 우리 앞에는 아픈 또또가 앉아 있었다. 나는 마루를 잃은 그 일이 아버지에게도 충격과 상처로 남아 있었음을 그때 알았다.

봄이 채 오기도 전에 또또가 묻힌 땅을 쓰다듬던 내 손끝을 뭔가가 따끔하게 찔렀다. 자세히 보니 또또가 묻힌 자리에 내 손가락 한 마디쯤 되는 가시나무 순 하나가 올라와 있었다. 살아서 나를 물곤 했던 녀석을 생각나게 하는 식물이었다. 또또가 묻힌 곳은 둘레길 옆에 있어도 눈에 쉽게 띄지 않는데, 눈 밝은 사람들은 늘 그곳에 놓이는 자잘한 풀꽃 한 송이를 눈여겨봤던가 보다. 어느새 또또 옆에는 세 반려동물의 유골이 묻혀 있다. 어느 날 또또가 묻힌 자리가 파헤쳐진다 하더라도, 언제든 일어날 수 있는 자연스러운 일이니 미리 마음을 준비하고 있어야겠다.

이 글을 쓰며 생각해 보니 이상하게도 또또는 한 번도 나를 혀로 핥은 적이 없었다. 녀석이 다른 사람을 핥는 것을 본 적도 없었다. 그 점을 생각하면 내가 17년 동안 개와 같이 살았던 것이 사실일까 하는 의문이 들기도 한다. 동시에 나는 이것이 한 마리 개에 관한 글이 아니라 한 생명에 관한 글임을 깨닫는다. 예쁘고 포근하고 상냥하고 사랑스럽던….

또또

초판1쇄 인쇄 2013년 10월 28일
초판3쇄 발행 2014년 12월 8일

지은이 조은
펴낸이 김수영
펴낸곳 로도스출판사

출판등록 2011년 2월 22일 제301-2011-035호
주소 서울시 성북구 동소문로 118 플라망스타워 1102호
전화 02-3147-0420~0421 팩스 02-3147-0422
이메일 rhodosbooks@naver.com

© 로도스, 2013, Printed in Seoul, Korea.

ISBN 979-11-85295-07-7 03810

* 값은 뒤표지에 있습니다.
* 잘못된 책은 바꿔드립니다.